Suryoyofrågan

Del 2

Byggandet av suryoyohemmet

Första upplaga

Översättning till svenska:
Abraham Haro (2023)

nabil.barkino@gmail.com

info@barkino.se

Av
Nabil Lahdo-Barkino

Förlag: BoD – Books on Demand, Stockholm, Sverige
Tryck: BoD – Books on Demand, Norderstedt, Tyskland
ISBN: 978-91-7851-960-6

Förtydligande

I denna bok kommer benämningen *suryoyo* (singularform) och *suryoye* (pluralform) att användas för att beteckna det folk som i Sverige har kommit att kallas assyrier/syrianer alternativt syrianer/assyrier, araméer och kaldéer. Likaledes gäller denna som ersättare för benämningar på samma folk i andra länder där namn såsom Syriacs, Assyrians, Kaldéernas, Araméernas med flera används i olika varianter beroende på landets officiella språk. Motiveringen till att använda suryoyo/suryoye är att det är vad folket själv kallar sig på sitt modersmål. Jag återkommer längre fram till varför jag väljer denna originella benämning men den kan redan här i inledningen bespara läsaren den namnförvirring som har uppstått kring vad detta folk ska kallas. Ett fenomen som torde vara väl känt för den svenska läsaren som någon gång kommit i kontakt med suryoyofolket.

Denna bok är ett försök att, utifrån ett statsvetenskapligt och historiskt perspektiv, förstå hur nationalismen växte fram bland suryoyo samt anledningarna till att den så kallade assyriska rörelsen misslyckades. Boken framför kritik mot en fraktion av suryoyo som fortfarande tror på det som kan kallas assyrianism. I och med denna kritik görs ett försök att övertyga denna fraktion att överge denna bedrägliga tanke och i stället, på ett nyktert vis, betrakta den smärtsamma verkligheten som suryoyo lever i. Syftet är att etablera folkhem för suryoyo på stabila och rationella grunder.

Innehållsförteckning

Denna bok tillägnas:

Den som vill veta vilka de moderna suryoyo är och vad detta folk snarast behöver göra för att överleva som folk och kultur.

Ett särskilt tack till:

- Abraham Haro, som med välvillighet och entusiasm, tog på sig ansvaret för översättning av denna bok till svenska från arabiska.

- Hanna Yakob Özcan, som delgav mig sin studie Det syrianska folkets tillblivelseprocess. Av en slump möttes vi och delade våra likalydande tankar på ett vetenskapligt och filosofiskt plan.

- Författaren och forskaren Jan Beth Sawoce. I mitten av 1990-talet började Jan spara kopior och exemplar av tidningar, tidskrifter och böcker hos Assyriska riksförbundet i Södertälje. De flesta som betraktade detta trodde att han gjorde det för egen räkning. I mars 2015 när Aziz Saids film Seyfo var under produktion besökte vi Beth Sawoce vid Södertörns högskola. Vad vi då såg kan snarare liknas vid ett riksarkiv. Vår förvåning växte ju mer han berättade om hur mycket information om viktiga frågor som rör suryoyo han hade lyckats samla in under de senaste trettio åren. Det var en individuell och egenfinansierad arbetsinsats av stora proportioner. Beth Sawoce har lagt grunden till ett omfattande och modernt arkiv över suryoyos historia. Arkivet innehåller såväl klassiska som moderna skrifter. Beth Sawoces prestation visar på vikten av civilt arbete. Som individ har han bidragit till att skapa en modern historiesamling över suryoyo.

Beth Sawoce har undvikit den grälsjuka och skadliga debatt-miljö som präglat suryoyos vardag i diasporan och fokuserat på sitt arkiv samt på att skapa ett latinskt skriftsystem för det edessianska suryoyospråket.

Förord

Det finns en betydande fraktion bland suryoyo som bär på en messiansk tanke. Den handlar om dagen när alla suryoyo, oaktat religiös eller språklig tillhörighet, ska samlas under den så kallade assyriska fanan. Denna tanke kan kallas *assyrianism* och har hos dessa individer antagit en helig prägel. Den får inte kritiseras eller ifrågasättas. Den har dessvärre sedan slutet av 1800-talet använts för att ge människor falska förhoppningar.

Avlägsnandet av denna heliga idé, denna illusion, skulle leda till befrielse för dess anhängare. Det är ädelt att erkänna sina misstag och tänka om. De som tror på assyrianismen står fast vid sin övertygelse om att alla en dag ska förenas under den assyriska fanan, trots att idén är lika falsk som den som britterna framförde om att de nestorianska suryoyo är ättlingar till de forna assyrierna. På samma sätt menar den assyriska rörelsen att nestorianer, jakobiter, maroniter, kaldéer och melkiter tillhör den assyriska nationen. Dessa påståenden är inte nödvändigtvis sanna. Utifrån de fakta som presenteras i denna bok kommer de som tror på assyrianismen att behöva konfronteras med den dystra verkligheten och de kommer att bli besvikna. Några av dessa fanatiker menar att de till och med kan bevisa att de är ättlingar till de forna assyrierna genom att testa sitt DNA. Det låter onekligen som ett aprilskämt. Ingenstans i världen finns spår av de forna assyriernas, araméernas och babyloniernas DNA.

Den dystra verkligheten idag för suryoyo är att de är spridda över ett stort antal länder i världen. Deras utbildade elit och intellektuella är likaså spridda på olika håll och är uppgivna. Situationen kräver rationellt tänkande och ett avståndstagande från ändlösa och banala konflikter. Suryoyos institutioner förfaller överallt och står vid ruinens brant. Bakom detta förfall ligger de felaktiga idéer och gärningar som utförts av suryoyoorganisationerna från stunden dessa kom till och fram till idag. Det har resulterat i förvirring och uppgivenhet hos folket. Suryoyoorganisationerna saknar de byggstenar som krävs för att nå resultat. De behöver nya visioner för att etablera suryoyohemmet, ett folkhem för suryoyo. De behöver inte nya politiska partier och importerade och främmande idéer. Civilt arbete är långt mycket viktigare än politiska organisationer vars målsättningar inte utgår ifrån suryoyos verklighet. De befintliga organisationerna inbjuds till att aktivt delta i etablerandet av ett modernt folkhem, utan hänsyn till religiösa, politiska och ideologiska ställningstaganden. Det gäller att börja arbeta smått och tänka stort. Arbetet ska bedrivas utifrån befintliga möjligheter och inte utifrån illusioner.

Det är viktigt att informera läsaren om att delar av denna bok publicerades tidigare i den första delen av Suryoyofrågan.

Eventuella felaktigheter i denna bok är författarens egna och ingen annans.

Översättarens kommentar

Denna bok gavs ut första gången på arabiska under 2021 och finns i och med denna översättning nu tillgänglig på svenska. Till skillnad från översättning mellan två besläktade språk, hur avlägsen denna släktskap än må vara, är övergången från arabiska till svenska behäftad med särskilda svårigheter. Respektive språk har sin säregna prägel och stil, vilka kan vara svåra att överföra under översättningen. Översättaren har efter bästa förmåga försökt troget återge författarens beskrivningar och budskap i boken utan att göra avkall på den svenska textens kvalité.

Abraham Haro

1. Ursprunget till och vikten av benämningen suryoyo

1.1 Ursprunget till benämningen suryoyo

Benämningen Assyria och assyrier förekommer i grekiska källor från 500-talet före vår tideräkning. Den grekiske historikern Herodotos[1] skriver att grekerna kallade de som levde i Syrien för assyrier. Benämningen assyrier var brett använd när Alexander den store anlände till den bördiga halvmånen[2] år 332 före vår tideräkning. De flesta akademiker är ense om att benämningen assyrier (såsom den användes av grekerna) inte enbart åsyftade de forna assyrierna i Mesopotamien utan även araméerna och de folkgrupper som talade arameiska. Detta i syfte att urskilja dem från andra folk som levde inom den bördiga halvmånen. Den tyske orientalisten Theodor Nöldeke (1836–1930)

---

1 Herodotos – grekisk historiker som levde under 500-talet före vår tideräkning. Är känd för att ha dokumenterat sina resor till olika regioner i den klassiska världen. Herodotos var den förste greken som i skrift benämnde människorna i landet mellan floderna (Mesopotamien) som assyrier och deras landområden som Assyrien.

2 Bördiga halvmånen – En geografisk avgränsande term som först användes av den amerikanske egyptologen James Henry Breasted omkring år 1900. Med termen åsyftas flodbäckenen för Eufrat och Tigris och Medelhavets östra kust (Levanten). Termen används inom arkeologin men har även använts politiskt av exempelvis Antoun Sadeh. Hans utgångspunkt var att folken i detta geografiska område delar en gemensam kultur som kvalificerar dem till status som "nation".

nämner i sin publikation *Sketches from Eastern History* att benämningen syrianer och Syrien har sitt ursprung i ordet Ashur (akadiskas Aššur eller Assur).[3] Under århundraden och beroende på utvecklingen av de olika dialekterna av arameiskan, språket som talas av suryoyo, har benämningen fått många varianter. Bland dem finns: Surian, Suria, Suraya, Suroyo, Suryoyo, Surith, Surayt. När vi därför säger suryoyofolket så menas alla dess undergrupper oavsett vilken dialekt gruppen talar. När vi således letar efter roten till benämningen Syrien hittar vi den i samma ursprung som ovan, det vill säga i Assur.[4]

---

3 Theodor Nöldeke, *Sketches from Eastern History*, London & Edinburgh, Adam and Charles Black, 1892.

4 Det finns olika uppfattningar om detta, se bland annat Asaad Sauma.

1.2 Vikten av benämningen suryoyo

Det råder ingen tvekan numera om att benämningen assyrier är grekisk och betyder suryoyo. Detta behöver dock inte med nödvändighet betyda att dagens suryoyo härstammar från de forna assyrierna. För att härleda detta skulle det behövas källor och historiska fakta som inte har hittats. De jakobitiska suryoyo använder ordet suryoyo för att beteckna sitt folk, sin kyrka och sitt språk. Denna benämning har använts i såväl tal som skrift sedan första århundradet i vår tideräkning. Detta är ett historiskt faktum och benämningen utgör en symbol för suryoyos enhet som folk och för deras institutioner, såväl civila som kyrkliga och politiska. Benämningen är tillräcklig för att styrka en suryoyoidentitet. Den kan således även användas på andra språk. Exempelvis enligt nedan:

På svenska	In English
Suryoyofolket	Suryoyo people
Suryoyospråket	Suryoyo language
Suryoyokyrkan	Suryoyo church
Auf Deutsch	**En français**
Suryoyo Volk	Les gens de Suryoyo
Suryoyo Sprache	Langue Suryoyo
Suryoyo Kirche	Église Suryoyo

1.3 Vad är suryoyohemmet?

Suryoyohemmet är en samling idéer, om än inte nya i sig men de kräver ett nytt arbetssätt som passar den verklighet som suryoyo lever i, såväl i sina hemländer som i diasporan. Dessa idéer syftar till att bryta sönder det som fjättrar suryoyos tankesätt. Vidare syftar idéerna till att introducera modernitet i vårt tankesätt så att vi kan sluta leden bland jakobitiska suryoyo för att undvika den utrotning som folket står inför. Således en variant av idén om ett folkhem på ett intellektuellt plan.

Det främsta syftet är att nå ett samförstånd mellan de olika suryoyofraktionerna, vilkas smärtsamma konflikter har varit både orättvisa och omotiverade. Konflikterna har utgått ifrån blind envishet och ett begär efter att kontrollera folkviljan samt att nå så många egna fördelar som möjligt.

Faktum är att suryoyofolkets kamp inte går att jämföra med andra, så som kurdiska och/eller palestinska frågan, och kan betraktas som unik. Vi för ingen nationalistisk kamp i traditionell bemärkelse. Det vill säga, kampen åsyftar inte nationellt självbestämmande med slutmålet att skapa en stat. Därför kan vi inte fortsätta använda redan beprövade metoder som karaktäriserar en nationell kamp med den ovan nämnda målsättningen. Vi behöver göra oss av med begrepp och institutioner såsom politiska slagord och politiska partier. Vi ska undvika den maktkamp som uppstår i samband med bildandet av dessa partier i diasporan. Vi har inget eget land där dessa partier kan konkurrera om makten. Suryoyofrågan är först och främst en fråga om biologisk överlevnad men också en fråga om ett återtagande av en civilisatorisk och kulturell roll i diasporan. För att uppnå detta behöver vi bygga demokratiska civila organisationer. Det kräver i sin tur ett urval av individer som sammanför bildning, utbildning, teknokratisk kunskap och finansiella medel och med hjälp av dessa sammanfogar den lemlästade folkkroppen. Vidare måste kvinnors roll återaktiveras och moderniseras.

Suryoyo har inte ett identitetsproblem i egentlig mening. Inte heller är det ett problem som handlar om benämningar. Vårt problem har under lång tid varit att vi har drömt om hur vi är arvtagare till Ashurbanipal, Kaldu, Aram eller Jesus Kristus. Vi måste acceptera oss själva för de vi verkligen är och sluta jämföra oss själva med den franska eller den turkiska nationen med flera. Vi saknar idag helt enkelt de historiska bevisen för att vi härstammar från ett tidigare känt folk. Det är viktigt att vi inser att vi är ett resultat av en mix av både de folk som utgör våra förfäder och de folk som genom historien har styrt oss, från sumererna till araberna. Många har tyvärr försökt tolka historien trots bristfälliga kunskaper i ämnet. De har selektivt läst historieböcker och dragit felaktiga slutsatser. Dessa tolkningar har tyvärr inte bidragit till att förena oss utan tvärtom till splittring. Politik utgår inte från historiska fakta utan från strävan efter makt och överväganden kring den egna nyttan.

Suryoyos religiösa och kyrkliga identitet kan inte existera utanför deras "nationella" identitet, utan utgör en av grundstenarna. Därför kan inte en suryoyoidentitet finnas separerad från kyrkan, oavsett vad vår personliga attityd till kyrkan är. Möjligen var denna koppling svår att ta till sig för femtio år sedan. Idag finns dock ingen anledning att fortsätta på detta felaktiga spår. Vad är syftet med att hävda en nationell identitet separerad från den kyrkliga identiteten? Suryoyo behöver inte en sekulär nationalistisk rörelse som har som mål att marginalisera kyrkan, även om denna kyrka är i stort behov av reformation. Kampen om kyrkan är en kamp om den mest betydelsefulla institutionen för vårt enkla folk och den måste föras med goda avsikter, tydlighet och visdom. Den kan inte föras genom att göra kyrkan till ett bihang till ett parti eller en nationalistisk rörelse. Kyrkan ska, utöver att vara en plats av religiös betydelse, vara en plats för samförstånd mellan de lärda, prästerskapet, affärsmännen och andra ledare där ett embryo till ett folkets rådsförsamling kan skapas och en arena där våra ideologiska skillnader är frånvarande. Intellektuella suryoyo behöver begripa att det är omöjligt att skapa en modern suryoyonationalism som inte är moderat och som inte inkluderar en tolerant kyrklig och religiös tradition.

Suryoyo är ett folk som saknar en instinktiv vilja att bilda en stat. Denna instinkt kan inte skapas genom att besjunga de arameiska, assyriska eller babyloniska imperiernas ruiner. Kyrkan har i stället blivit suryoyostaten. Kyrkan har historiskt kunnat åtnjuta en viss grad av religiös och social autonomi. En relativt omfattande autonomi inom de arabiska staterna och en marginell sådan under det osmanska väldet. Kyrkan har genom åren fått utveckla ett dialogformat med regimerna i ovan nämnda stater. Dialogformatet har haft överlevnaden som utgångspunkt.

Det civila, men även det politiska, arbetet måste utgå från det jakobitiska västliga suryoyohemmet. Det vill säga medlemmarna i suryoyoortodoxa jakobitiska kyrkan. Det gäller att göra de jakobitiska suryoyo till ett epicenter som lockar till sig de övriga delarna av folket. Utifrån ett statsvetenskapligt perspektiv, kan inte ett samfund ansvara för alla andra samfund och förena dessa. Ett samordningsarbete måste bedrivas för att få ihop hemmets olika delar. Ett allomfattande suryoyopolitiskt arbete[5] kommer inte uppnå annat än en splittring av medlemmarna i de östliga kyrkorna i nationalistiska "kaldeiska" och "assyriska" rörelser och ytterligare splittring bland de jakobitiska medlemmarna i olika nationalistiska "assyriska", "syrianska" och "arameiska" riktningar. Dessa organisationer kommer sedan att smulas sönder under ledning av klanledare. Vi behöver börja med att inifrån och ut renovera det jakobitiska folkhemmet, i stället för den nuvarande situationen när vi eftersträvar att i fantasin bygga ett nationalistiskt slott utifrån och in. Vi bör vidare uppmana våra bröder och systrar i de övriga suryoyosamfunden att göra detsamma. Inte förrän då kan vi börja komma närmare förverkligandet av drömmen om ett slott.

---

5 Pansyrism, panarameism eller pansyrianism.

2. Suryoyoeliterna

Suryoyoeliterna utgörs av grupper och personer vilka spelar en framträdande roll och har inflytande på den samhälleliga nivån bland suryoyo. Dessa är:

1. Politiker, intellektuella och teknokrater. Denna kategori är den del av suryoyoeliten som lidit mest. De har utnyttjats av såväl prästerskapet som klanledarna. Men deras insatser har varit mångfacetterade. Å ena sidan, ansvarar denna kategori för de grövsta och mest dumdristiga misstag som begåtts i arbetet med suryoyofrågan hittills. Å andra sidan, har individer i denna kategori stått för förtjänster och prestationer under suryoyos renässans på 1900-talet som inte kan ignoreras. Detta gäller Naum Faik, Farid Elias Nazha, Hanna Sulaiman, Shukri Chermokli, Johanun Qashisho, släkten Asaad, Danho Dahho och andra av dessas samtida och andra vilka är aktiva än.

2. Förmögna och affärsmän som har varit framgångsrika i diasporan. Till denna kategori kan läggas klanäldsten och släktöverhuvuden vilka har en hel del gemensamma intressen med de förmögna och delar deras tankemönster. Denna kategori skulle kunna bli ännu starkare ekonomiskt och socialt ifall de slår ihop sig i större företagsformer och stiftelser i Europa. De behöver dock frigöra sig från inblandning och påverkan från de trångsynta politiska partierna och från kyrkans män.

3. Prästerskapet i alla befintliga samfund. Även dessa är knutna till olika "partier". Denna kategori skapar en hel del debatt. Men under uppbyggnadsfasen av folkhemmet måste de accepteras i deras nuvarande format och de får inte utsättas för konkurrens, för då kan de obstruera, utan de ska inkluderas. De intellektuella sekuläras val att distansera sig från de kyrkliga domänerna samt deras långvariga konflikt med prästerskapet har gjort att upplysta ungdomar valt bort karriärmöjligheter inom kyrkan och kallet att bli präster. Detta har i sin tur lett till att vi idag saknar ett prästerskap som är kompetent nog att bygga en kyrka som är rätt i tiden. Sedan århundraden har prästyrket tömts på intellektuell förmåga och tidsenligt tänkande. Det hem vi drömmer om kräver ett samförstånd mellan de klerikala och de intellektuella. Detta samförstånd är en förutsättning för att göda kyrkan med ungdomlig energi, upplysning och förmåga att reformera och lyfta kyrkan.

3. Suryoyofolket genom tiderna

I den första delen av denna bok (Suryoyofrågan) fastslogs att dagens suryoyo är en mix av olika folk som var bosatta i den bördiga halvmånen. Dessa folk smälte samman i kristendomens degel under de första fyra århundradena av den nya religionens expansion. Under denna era skönjdes framträdandet av ett nytt folk, suryoyo. Folket utgjordes av olika etniciteter vilka förenades av tron på och försvaret av sin monoteistiska religion.

För att förstå suryoyos existentiella frågor på global nivå måste vi förstå människans reella och materiella existens. Att suryoyo har funnits under tusentals år inom den bördiga halvmånen är ett historiskt faktum som etablerats av flertalet historiker och arkeologer. Ur ett historiskt perspektiv kan vi också se att det suryoyofolket har kämpat och lidit under långa perioder för att överleva. Kampen började i konflikterna mot Konstantinopel, bysantinernas huvudstad, sedan mot islam, mot mongolerna, vidare mot osmanerna, mot européerna och till sist mot araberna. Den tragiska situationen för suryoyo handlar inte bara om förskingringen i diasporan, utan främst om att dess intellektuella, utbildade, finansiella och religiösa eliter är utspridda och uppgivna. Situationen måste framtvinga rationalitet och ett avståndstagande från innehållslösa konflikter. Annars riskerar folket och kyrkan att förtvina.

I sin berömda teori om utmaningar och respons, framför Arnold J. Toynbee[6] att en individ som drabbas av chock kan vara skakig

---

6 Arnold Joseph Toynbee (1889–1975), brittisk intellektuell och en av 1900-talets mest inflytelserika historiker. Bland hans viktigaste verk återfinns A

under en tid men kommer sedan att reagera på ett av två möjliga sätt. Det första sättet är att bli nostalgisk för att undvika att tänka på det dystra nuet. Individen isolerar sig således. Det andra sättet är att förlika sig med chocken för att sedan försöka övervinna den. Individen blir då öppen för förändring. Det första sättet är den negativa responsen medan det andra är den positiva. Utifrån denna teori förklarar Toynbee uppkomsten av de tidigaste civilisationerna i Mesopotamien och längs Nilen. De skapades genom briljanta individer och en minoritet som utgjordes av inspirerade ledare.

Historien är full av händelser som rubbade maktbalansen. Det är flertalet mäktiga nationer som har gått under. Men resultaten ska inte mätas i hur kraftig reaktionen blir utan i hur rättfärdig responsen är. Suryoyoeliterna måste förstå vikten av att respondera mot assimilering och utrotning genom att delta i kampen för överlevnad, möta verkligheten och påverka framtiden.

Study of History (3 volymer). Toynbees specialområde var studien av civilisationer.

4. Massutrotning och tvångsförflyttning

Suryoyos historia är full av övergrepp och försök till utrotning och tvångsförflyttning. Dessa påbörjades under de tidigaste kristna århundradena i romarriket och fortsätter än idag. De två avgörande händelser som knäckte suryoyos ryggrad var emellertid Timur Lenks massaker under 1400-talet och folkmordet Seyfo i Osmanska riket (dagens Turkiet) 1915. Dessa två utrotningsförsök begränsade kraftigt suryoyos antal och deras närvaro i ursprungsområdet.

Inom psykologin är det etablerat att trauman drabbar de som inte kan överkomma en smärtsam upplevelse. Minnen av denna händelse fortsätter att jaga den drabbade. På detta sätt förhåller det sig med Seyfo. Religionspsykologen Önver Cetrez förklarar att chocken som Seyfo resulterade i fortsätter att påverka suryoyo på ett negativt sätt än idag.[7]

Folkmordet Seyfo följdes av massförflyttningar, tvångs turkifiering och tvångsarabisering. Resultatet blev massutvandring till väst. Denna utveckling ackumulerades hos suryoyo till trauman. Det finns omfattande forskning om de emotionella och sociala konsekvenser som drabbar hela folkgrupper som genomlidit utrotningsförsök, exempelvis judarna. Symptom såsom posttraumatiskt stressyndrom har visat sig i vissa studier gå i arv i generationer.

---

7 American Psychiatric Publishing, Inc. (2010) "Diagnostic and Statistical Manual of Mental Disorders", Fourth Edition, Text Revision: 309.81 posttraumatic stress disorder" http://www.psychiatryonline.com/content.aspx?aID=3357

Folkmordet och tvångsförflyttningarna av de kristna i Osmanska riket är relativt kända idag, på såväl akademisk som lekmannamässig nivå. Denna chock skapade bland suryoyo en känsla av samhörighet internt och med andra drabbade folk externt. Enligt Cetrez finns den nedärvda rädslan för en upprepning av Seyfo kvar. Folk är oroliga för att historien kommer att upprepa sig. Därför är det ytterst viktigt att fortsätta belysa folkmordet Seyfo. Vidare måste de kommande generationerna hållas informerade om de omständigheter som råder i de länder som beboddes av suryoyo (Turkiet, Irak och Syrien).

Tvångsförflyttningarna av suryoyo genom historien och i synnerhet i anslutning till Seyfo (1915–1920) har resulterat i att suryoyo blickar mot väst. Utflyttningen bland suryoyo började som en liten böld som utvecklades till en cancersvulst som inte bara spridits hos suryoyo, utan även bland andra kristna folk i Mellanöstern. Därför är det även nödvändigt att belysa de bakomliggande orsakerna bakom migrationen. De flesta av dessa orsaker är fortfarande dolda för suryoyoeliterna och likaså för europeiska intellektuella.

5. Nationalism och dess konsekvenser

Nationalismen är ett idésystem som förutsätter att det finns ett samhälle inom nationsgränser. Nationalism har oftast använts för att skapa en gemensam identitet och förena människor under en fana. Idag talas det om olika *nationalism* vars definitioner är beroende av olika kulturer och olika eror.

I slutet av 1990-talet började forskare ifrågasätta huruvida patriotiska uttryck var tecken på nationalism. Ibland uppträder nationalism på harmlösa sätt, såsom under idrottstävlingar när människor hejar på sina nationers utvalda idrottare. Inom andra arenor kan däremot nationalismen ta sig i uttryck i våldsamma konflikter mellan länder och etniciteter.

Många forskare anser att nationalismen är en relativt ny företeelse[8], utifrån ett historiskt perspektiv. Den har sitt ursprung i tiden efter franska revolutionen och Napoleonkrigen i slutet av 1700-talet respektive början av 1800-talet. Vidare går åsikterna isär kring vad som i realiteten utgör en etnicitet. Språk, historia, kultur och religion kan alla vara vanligt förekommande beståndsdelar i definitionen av en etnicitet. Samtidigt finns det ett otal undantag från denna samling beståndsdelar. Två folk kan dela språk men anse att de tillhör två olika etniciteter. Andra kan ha olika religioner men anse att de tillhör en solid gemensam etnicitet.

Etnisk nationalism kan vara den pådrivande kraften bakom självständighetssträvanden för en viss etnisk grupp. Den kan

---

8 Abizadeh A: Förutsätter liberal demokrati en kulturnation? American Political Science Review 96, 2002, s. 495–509.

vara spridd över flera staters gränser eller uppdelad i olika religiösa samfund. I demokratiska samhällen baseras staten snarare på gemensamma värderingar och myndigheternas funktion. Den som är medborgare i en demokratisk stat är en del av nationen oavsett etnicitet eller religiös tillhörighet. Statens ansvar blir således att skapa enhet kring de gemensamma politiska värderingar som nationen vilar på. Exempelvis har USA och Kanada en lång historik av emigration av olika etniciteter och nationer. Just denna mångfald kan i sig utgöra en grundsten i den nationella identiteten och lyfts fram som en utmärkande positiv egenskap.

Nationalismen spreds i Europa under en tid när intellektuella sökte ett alternativ till den kristna läran och en befrielse från kyrkans makt. Många av dessa intellektuella prisade den franska revolutionen (1789–1799) som ett startskott för nationalismen. Utgångspunkten var att makten skulle ligga hos folken snarare än hos en maktelit, samt att frihet skulle åtnjutas av alla inom nationen enligt principer om jämlikhet. Alla skulle känna ett broderskap. Tillsammans utgjorde dessa principer en helig treenighet: frihet, jämlikhet och broderskap. I och med detta skapades grunden för nationalismen som ett politiskt, socialt och ekonomiskt system som karaktäriseras av gynnandet av en utpekad nations intressen. I nationalismens dogmer ingick självbestämmande och suveränitet över hemlandet. Politisk nationalism åsyftar således att nationen ska styra sig själv, bestämma sitt eget öde och bevara en identitet som bygger på ett antal gemensamheter såsom geografi, ekonomi, kultur, språk, etnicitet, religion och politiska mål. 1800-talet blev nationalismens århundrade *per excellente*. Idéerna spreds till Italien, Belgien och Tyskland och därefter till hela världen.

Några tänkare och ledare utnyttjade nationalismen för att under-
blåsa etniskt våld. Sådant våld låg bakom blodspillan och död
för miljontals oskyldiga människor. Turkarna utnyttjade detta
våld, med medgivande från tyskarna under första världskriget, i
massmorden på armenier och suryoyo. Massmorden utfördes på
ett utstuderat sätt och leddes inom turkiskt territorium av den då
styrande regimen under ledning av Enhets- och utvecklingspar-
tiet. Antalet offer bland armenier uppskattas till en miljon och
bland suryoyo till tvåhundratusen. Samma principer gällde när
Tyskland under ledning av Nationalsocialisterna försökte utrota
allt icke-germanskt. Här utgjorde rasismen och i synnerhet anti-
semitismen ett nav i ideologin. Nazisterna ansåg att germanerna
är de ädlaste "arierna" och att diskriminering gentemot judar
och romer var föreskriven. Fokus lades på rasbiologiska studier
och fysisk "lämplighet". Miljontals judar och människor av
olika ursprung mördades brutalt i koncentrationsläger i det som
kom att kallas Förintelsen (Holocaust).

6. Turkisk nationalism

Universitetet i Paris räknas till de förnämaste lärosätena i världen. Det etablerades i mitten på 1100-talet. I början av 1800-talet var Paris vetenskapens, filosofins och politikens huvudstad. Förmögna turkar, araber och andra sände sina barn till Paris för att de skulle utbilda sig. I Paris grundades de första turkiska respektive arabiska nationalistiska organisationerna.

Mustafa Kemal (1881–1938) blev den turkiska nationalismens moderne fader under tiden efter första världskriget när han grundade den turkiska republiken. Han avskaffade det islamiska kalifatet och etablerade en sekulär stat. Han kom att kallas Atatürk (turkarnas fader). Han spelade sina kort rätt i förhandlingarna med Storbritannien och Frankrike och med Turkiets geografiska läge som trumfkort anslöt han Turkiet till det västliga lägret och distanserade landet från den i Ryssland växande kommunismen. Mustafa Kemal agerade inte som en ideolog och modern ledare utan som en politiskt skicklig general.

Den turkiska nationalistiska rörelsen, under Kemals ledning, var starkt påverkad av europeiska nationalistiska teorier. Den var den pådrivande faktorn bakom elimineringen av det Osmanska imperiet och bildandet av ett nytt Turkiet som ett alternativ till ett islamiskt kalifat. Kemal ville att turkarna skulle värna sina egna intressen och avlägsna sig från andra muslimska folk. Turkisk nationalism skulle ersätta kalifatet, sharia och islam. Han drev en kampanj för att lägga ned alla institutioner med koppling till islamiskt styrelseskick och förbjöd shariadomstolar.

Från 1925 började han "västernisera" Turkiet på ett kulturellt och civilisatoriskt plan. Den turkiska militären tilldelades rollen som beskyddare av den nya republiken. Sedan dess trädde nya krafter in vilka deltar i styret av Turkiet än idag, bland dem: nationalistisk media och nationalistiska domstolar, från lägsta tingsrätt till Högsta domstolen. Dessa institutioner blev verktyg för maktprojicering och förtryck i händerna på radikala sekulärister.

De turkiska nationalisternas, främst bland dessa var Mustafa Kemal, dröm var att skapa en modern turkisk stat enligt europeisk mall. Turkiets demografiska och religiösa komposition arbetade mot etablerandet av ett nytt Turkiet som vilar på mänskliga rättigheter för alla etniska och religiösa minoriteter. Den turkiska nationalismen bygger på assimilering av minoriteter och ett förhärligande av det turkiska folket. Detta ledde till interna stridigheter som pågår ända in i våra dagar. Det moderna Turkiets ovanifrån påtvingade samhällssystem var inte kompatibelt med det turkiska samhället. Systemet sådde frön till splittring och hindrade staten från att fungera fullt ut. Resultatet blev återkommande skalv, statskupper och kriser på social och politisk nivå.

Den turkiska stat som grundades av Mustafa Kemal var inte sekulär såsom en sådan stat uppfattas i väst. Sekulärismen i Turkiet ledde snarare till rasism och ett förnekande av andra nationer och etniciteter. Inom Turkiets gränser inryms tjugosex olika nationer och etniciteter. Den turkiska staten eftersträvade att radera ut islam inom alla livets aspekter. Denna politik ledde till att någon enhet inom republiken för turkar, kurder, armenier, suryoyo och greker inte kunde uppnås. Detta blev resultatet av importerade nationalistiska idéer i ett turkiskt samhälle som tidigare enbart hade byggt på islams principer.

7. Arabisk nationalism

Det är inte fastställt med säkerhet hur arabisk nationalism växte fram men det är säkerställt att de kristna i Mellanöstern var bland de första att ta till sig dessa nya idéer och de bidrog starkt till deras spridning bland araberna. De kristna är en oumbärlig del av de arabiska samhällena och de utgör en del av dessas ursprungsbefolkning. Genom århundraden har de kristna på ett betydande vis och med oproportionerligt stor påverkan bidragit till den arabiska kulturens utveckling. Även i våra dagar, trots nedåtgående antal, fortsätter detta bidrag. De kristna deltog dessutom sida vid sida med muslimska araber och andra i avkolonialiseringen, såväl i kampen om idéerna som i den väpnade kampen[9].

Arabisk nationalism började ge sig tillkänna i slutet av 1800-talet och början av 1900-talet. I fokus fanns framför allt en rad kulturella och litterära sammanslutningar i Damaskus och i Beirut. Arabnationalismen tog sig ett mer konkret uttryck i den första Arabkonferensen som hölls i Paris 1912.

Till en början var ropen efter arabisk nationalism koncentrerade hos de icke-muslimska minoriteterna och i mindre omfattning hos en minoritet av muslimer som i sin tur var påverkade av minoriteterna. Arabisk nationalism (al-'Uruba) i dess moderna form anger följande: En tro på att araberna utgör ett sammanhållet folk; enat i en gemenskap genom språk, kultur, historia,

---

9 Fadwa Nusairat, al-Masihiyun wa fikrat al-Qawmiya al-Arabiya fi Bilad al-Sham wa Misr, 1840–1910. (De kristna och idén om arabisk nationalism i Syrien och Egypten, 1840–1910. En doktorsavhandling vid Markaz Dirasat al-Wihda al-Arabiya, Beirut, 2009, s. 41–43.)

geografi och intressen; samt att en enad arabisk stat kan förena alla araber från Atlantkusten (Marocko/Mauretanien) till Persiska viken (som på arabiska heter Arabiska viken). Det första officiella stödet till den groende arabiska nationalismen uppenbarade sig i det område som idag utgör Syrien, Libanon och Israel/Palestina under en tid när Egypten styrdes av Muhammad Ali Pasha. Men även då förblev majoriteten av araberna främst lojala mot sin religiösa tro, sitt samfund, sin klan och lokala makthavare.[10]

Arabisk nationalism blev den främsta politiska idén och katalysatorn hos massorna i Syrien och Irak.[11] Under den arabiska nationalismens fana samlades diverse motstridiga politiska strömningar med olika politiska program, geografiska fokusområden och målgrupper. Den arabiska nationalismen var nämligen i det läget endast en ram som omgav en officiell deklaration avseende områdets historia och dess utveckling. Araberna levde i sin egen värld, de såg sig tvungna att uppfinna en säregen arabisk identitet och låta den grunda sig på arabisk etnicitet och geografi. Nu grodde också idén om att skapa en nationalstat som beskrevs i formen av en modern stat. Ett exempel var staten som skulle utgöras av den bördiga halvmånen, som Antoun Sadeh planerade och kämpade för i samband med bildandet av Syriska

---

10 Azmi Bshara: al-Taifa, al-Taifiya, al-Tawaif al-Mutakhaiyala (Sekten, sekterismen och de inbillade sekterna), al-Markaz al-Arabi lil-Abhath wa Dirasat al-Siyasat, 2018, s. 22–23.

11 Fadwa Nusairat: al-Masihiyun wa fikrat al-Qawmiya al-Arabiya fi Bilad al-Sham wa Misr, 1840–1910. (De kristna och idén om arabisk nationalism i Syrien och Egypten, 1840–1910. En doktorsavhandling vid Markaz Dirasat al-Wihda al-Arabiya, Beirut, 2009, s. 253–258.)

socialnationalistiska partiet (SSNP) i Beirut 1932. Partiet beskrevs som ett sekulärt parti som åberopade en syrisk etnisk renässans (bördiga halvmånens renässans).[12]

SSNP har sedan dess etablering lidit av interna maktstrider, lojaliteter som drar åt olika håll och en lång rad triviala dispyter. Ideologiskt pågår fortsatt en strid kring vad som är arabism och arabisk nationalism. Partiet har inte uppnått något av sina nationalistiska eller politiska mål.

Arabiska Baathpartiet (ung. återuppståndelsepartiet) grundades 7 april 1947 i Damaskus. Grundarna var Michel Aflaq (kristen från Antiokia), Salah Bitar (sunnimuslim) och Zaki al-Arsuzi (alawit). Partiet antog renässanskonceptet som i detta sammanhang uppmanar den arabiska nationen att resa sig på nytt. Det var al-Arsuzi som hade den största påverkan på Baaths ideologi genom sin teori: att det baathiska samhället eftersträvar upplysning, renässans och nystart för den arabiska kulturen, värderingarna och samhällsformen. Partiet förordar enpartistaten och motsätter sig politisk pluralism.

---

12 Antoun Sadeh (1904–1949), grundare av Syriska socialnationalistiska partiet (SSNP). Gav 1937 ut tidningen al-Nahda (Renässansen) vars läsare främst utgjordes av unga intellektuella i Syrien/Libanon. Sadehs idéer hade stor påverkan på det maronitiska patriarkatet och de libanesiska partierna. Under det första arabisk-israeliska kriget 1948 ville han initiera en samlad nationalistisk front för att konfrontera Israel. Den libanesiska staten svarade med att fatta en rad beslut som bland annat förbjöd SSNP från att hålla offentliga tillställningar. Under mars 1949 skedde direkta sammandrabbningar mellan SSNP och statsmakten och i samband med det efterföljande och annullerade parlamentsvalet valde Sadeh att flytta till Damaskus. I den syriska huvudstaden togs han emot av den syriske diktatorn Hisni al-Zaim men en månad senare överlämnade denne Sadeh till de libanesiska myndigheterna. Sadeh dömdes till döden i Libanon och avrättades 8 juli 1949.

Ganska snart efter partiets etablering blossade en strid upp mellan två läger. Den ena ledd av Aflaq/Bitar och den andra av Salah Jdid/Hafez al-Asad. Sedan partiet tog makten 1963 har Baathpartiet varit det enda officiellt erkända partiet i Syrien.

8. Kurdisk nationalism

Kurderna är ett folk bestående av flertalet klaner som befolkar Västasien, främst norra Mesopotamien, Sydöstra Anatolien och längs Zagrosbergen ett område som av kurderna kallas Kurdistan. Idag delas området mellan staterna Irak, Iran, Syrien och Turkiet. Kurderna talar kurdiska i olika dialekter. Modern kurdisk historia är full av dels massutrotningar, dels revolter och väpnad kamp. I Irak åtnjuter kurderna numera autonomi och regionalt självstyre. I Syrien har de fått anpassa sig till den rådande situationen i ett land som slits i en komplex väpnad konflikt. De kurdiska rörelserna eftersträvar alltjämt självstyre med det ultimata målet att ha ett fritt och självständigt Kurdistan. Efter över 70 år av kamp har frågan om en kurdisk nationalstat blivit en demarkationsfråga på Mellanösterns politiska karta.

Med tillkomsten av det kurdiska partiet PKK 1972 har den kurdiska nationalismen blandats ihop med revolutionär socialism, men med kvarstående mål att etablera ett självständigt Storkurdistan. Denna kamp pågick åtminstone till slutet på 1990-talet när Turkiet anhöll partiets ledare Abdullah Öcalan, varpå partiet gick in i en ny nationalideologisk fas. Partiet har dragit tillbaka sitt krav på självständighet och eftersträvar i stället självstyre i Syrien. Men en fråga kvarstår: Kommer kurderna att ha ett sammanhållet land eller kommer det finnas flera kurdiska stater? Kommer en sammanhållen kurdisk stat att inlemma alla kurdiska områden eller ett fåtal? Svaren på dessa frågor beror på hur de fyra nuvarande, av kurdfrågan påverkade, staterna kommer att hålla ihop. Samt på det kurdiska folkets förmåga att bygga upp en modern nation med sammanhållna intressen. Vidare måste frågan ställas: Vilket pris kommer de stater (Irak, Iran, Syrien och Turkiet) där kurderna bor idag att betala och vad blir kostnaden för kurderna själva? Kommer etablerandet av en kurdisk nationalstat att vara den sista omformningen av den politiska kartan i området?

I ett område vars befolkning lider av dekadens, kriser, despotism och diskriminering har spridningen av västerländsk nationalistisk ideologi sammanflätat vägen mot frihet och civilisationsutveckling med idéer om etnicitet. Således var denna idéimport en katastrof för Mellanöstern. Dess potentiella positiva effekter uteblev, ty området saknade en arbetarklass som besjöng och använde nationalismen. Efter att kapitalismen tog sig igenom nationalismepoken och vidare genom imperialismen och slutligen globalismen återstod endast de negativa effekterna av nationalismen. Denna importerade ideologi förvandlades i stället till olika uttryck för fundamentalism, diskriminering, fiendskap och omotiverad åtskillnad. Den har skapat en rad konflikter i en region som bebos av en mosaik av etniska och religiösa grupper.

Turkarna, araberna och kurderna är idag mätta på nationalistiska slagord och brandtal. De lider under nationalistiska regimers säkerhetsapparater och ekonomiska system som i totalitär tradition baseras på korruption. Nationalismen har blivit en förbannelse, där den nationalistiska staten har utövat förtryck mot "de andra nationerna". Detta har förhindrat uppkomsten av ett civilsamhälle kapabelt att hantera övergången till demokrati och i utbyte kastat in dessa stater i en spiral av dekadens, exploatering, fattigdom och interna väpnade konflikter.

Vad har turkar, araber och kurder vunnit på importerad nationalistisk ideologi?

Mustafa Kemal och hans kamrater drömde om att grunda en turkisk republik bara för turkar. Alla som levde inom denna republiks gränser, det vill säga även etniska och religiösa minoriteter, skulle obönhörligt räknas som turkar. Hundra år efter grundandet av Mustafa Kemal Atatürks republik, med dess chauvinistiska konstitution och politik, kan vi konstatera att drömmen har förvandlats till en mardröm. Turkiet är ett land som rymmer en rad etniciteter, nationer och samfund. De senaste årens utveckling i landet, med återkommande konflikter, visar att denna mångfald skapar ett starkt tryck på den turkiska regimen. Turkiska regeringar av olika schatteringar har kämpat för att hitta nya tillvägagångssätt som kombinerar minoriteternas specifika krav med doktrinen om att hålla ihop den turkiska staten och det turkiska samhället.

Vad gäller arabisk nationalism, har araberna fått se sina planer på ett enat arabiskt rike grusas av såväl interna som externa påverkansfaktorer. Bland de misslyckanden som bidrog till att drömmen om arabisk enhet suddades ut finns: den havererade unionen mellan Syrien och Egypten, nederlaget i kriget mot Israel 1967, konflikterna mellan de olika nationalistiska rörelserna och i synnerhet mellan baathister och nasseriter samt fredsavtalet i Camp David. Arabisk nationalism lämnade i och med detta den större arenan, där alla arabiska stater skulle enas, och fokus lades på regional nivå och/eller riksnivå. Denna fragmenterade målsättning ledde till fler konflikter, dels interna väpnade konflikter, dels väpnade konflikter mellan olika arabstater. I samband med den så kallade "Arabiska våren" övertog de islamistiska strömningarna centralmakten i flertalet stater, exempelvis i Tunisien, Egypten och Libyen. Utöver dessa hamnade en rad shiamuslimska strömningar i maktställning i Irak i efterspelet till den amerikanska invasionen av Irak 2003.

Turkisk och arabisk nationalism har misslyckats för att de byggde på imitation av väst i ord och gärning. Kopia är per definition inte den genuina varan och kan svårligen bli en permanent lösning som passar alla samhällen oberoende av tid och plats.

9. Begreppen fosterland och stat hos suryoyofolket

Emellanåt hör vi någon säga att Suryoyostaten inkluderade Antiokia, Edessa och övre Mesopotamien.[13] Eller att Suryoyostaten inkluderade hela Mesopotamien. Dessa uttalanden visar på okunskap och förvanskning av fakta. Bland suryoyo är dessa uppfattningar mycket vanliga. Vi behöver därför understryka följande fakta:

• Med fosterland (alternativt hemland) menas den plats där individen bor. Begreppet fosterland definierades i samband med framväxten av nationalismen som ideologi och begreppsvärld. Nationalismen kräver kärlek och lojalitet gentemot fosterlandet och förutsätter en vilja att kämpa för densamma. I gengäld tillhandahåller fosterlandet trygghet och stabilitet och tillfredsställer medborgarens grundläggande behov. Denna relation mellan medborgare och fosterland går i arv mellan generationerna. Men hur uppfattas begreppet fosterland bland suryoyo idag? Hos suryoyo gäller att alla folk som lever i de ursprungliga hemländerna i Mellanöstern tillhör det ena eller andra samfundet. Människor är i första hand medlemmar av ett samfund och är, i bästa fall, i andra hand medborgare. Denna primära tillhörighet överrider

---

13 Edessa är dagens Şanlıurfa i Turkiet. Med övre Mesopotamien menas det geografiska området öster och norr om floden Eufrat, på arabiska kallad al-Jazira, som idag utgör en del av nordöstra Syrien och nordvästra Irak.

44

eventuella lojaliteter till ett fosterland, ett geografiskt område eller en politisk sammanslutning. Det finns två huvudsakliga anledningar till denna uppfattning:

Den första är att samfund konstruerades och sammansvetsades och distanserades från andra dylika långt innan de moderna staterna i Mellanöstern etablerades. Innan staternas skapelse utgjordes fosterlandet av det geografiska område som samfundet bodde i. Återstående delar av geografin utgjorde mötesplatser med andra samfund, där politiska och ekonomiska spörsmål avhandlades. Det egna historiska "hemlandet" uppfattades således av respektive samfund som platsen där identitet, kultur, traditioner och samhällelig struktur skapades och utvecklades.

Den andra är att sekter och samfund i Mellanöstern, till skillnad från den gängse definitionen i väst, inte enbart är religiösa sammanslutningar utan de räknas som historiska samhällen. Var och en av dessa är vidare ett historiskt sammanhållet samhälle. Genom århundraden har varje sådant samhälle haft sin beskärda del av dogmatiska och politiska vägval. Därför kan vi se hur dessa samhällen, i mötet med upplevda ödesfrågor, uppträder som solida och samstämmiga. Exempelvis sunnimuslimernas motstånd mot bildandet av Storlibanon 1920. Individen kan av ideologiska eller personliga skäl ha diverse uppfattningar om sekterismen som en företeelse men dess existens och samhällsbärande funktion i Mellanöstern kan inte ignoreras.

9.1 Tur Abdin

För suryoyo är området Tur Abdin mycket viktigt. De ser det som sitt hemland. Tur Abdin betyder på suryoyo "de bedjandes berg". Tur Abdin är ett bergigt område i sydöstra Turkiet som inkluderar östra delen av provinsen Mardin och provinsen Şırnak väster om floden Tigris på gränsen till dagens Syrien. Området var historiskt sett skådeplats för en omfattande klosterkultur med influenser i hela närområdet. Befolkningen i Tur Abdin kallar sig själva suryoyo. Ibland använder de termen turoye, det vill säga bergsbor. De talar en arameisk dialekt kallad suryoyo turoyo (således bergsuryoyo).

Det finns gott om kyrkor och kloster i området. De flesta är nedgångna eller är ruiner. Det viktigaste centret för suryoyo i Tur Abdin är klostret Mor Hananyo som ligger i provinsen Mardin i Turkiet, inte långt från gränsen mot Syrien. Klostret ligger cirka tre kilometer från staden Mardin och cirka 60 kilometer från den syriska staden al-Qamishli. Klostret grundades år 493 och var officiellt säte för patriarken för suryoyoortodoxa kyrkan från år 1160 till 1932. Trots att patriarken numera verkar ifrån Damaskus i Syrien så behåller klostret den officiella statusen som patriarksäte och inom klosterbyggnaden ligger sju patriarker och biskopar begravda. Klostret är upptaget på UNESCO:s världsarvslista och besöks årligen av världsledare och celebriteter.

I hjärtat av Tur Abdin, några mil söder om orten Midyat, är klostret Mor Gabriel beläget. Klostret grundades år 397 och är det äldsta suryoyoklostret i världen som är i drift. I klostret bor munkar, nunnor, tjänstemän och studenter. Klostren i Tur Abdin bidrar till bevarandet av språket suryoyo och trossamfundet suryoyoortodox.

9.2 Begreppet stat

En stat är en samling institutioner vilka tillsammans inom en legal ram utövar suveränitet över ett definierat geografiskt område. Suryoyo har varken historiskt eller i modern tid haft en geografisk eller politisk entitet som skulle kunna definieras som en stat. Kyrkan utgjorde och är än idag "suryoyostaten" som numera finns representerad i olika stater. Patriarksätet i Antiokia var såväl den kyrkliga som den politiska representanten för suryoyo oavsett om det gällde relationen med romerska kejsare, arabiska kalifer, turkiska sultaner, brittiska eller franska mandatregeringar. Fortfarande utgör suryoyos patriark och biskoparna folkets representanter gentemot nationella och internationella organ.

Alla suryoyos politiska partier har bevisligen misslyckats med att representera suryoyofolket och med att beröva kyrkan på denna uppgift. Anledningarna till detta misslyckande är många men bland dem finns bristen på reformationsprogram som kan bevara kyrkans ställning hos folket och gentemot nationella och internationella organ. Därför måste suryoyoeliten eftersträva att höja kompetensen hos prästerskapet och reformera kyrkan både internt och externt.

10. Suryoyofrågans beståndsdelar

1) Brist på förståelse för suryoyofrågan

Suryoyoeliterna hamnar i konflikter och sönderdelas så snart de konfronteras med varandras förslag och initiativ. Detta blev särskilt tydligt när Assyriska demokratiska organisationen (ADO) under 1960-talet lade fram sina fantasifulla nationalistiska idéer. Det följdes av en drygt femtioårig konflikt inom suryoyoeliterna, vilket understryker deras oförmåga att förstå den unika suryoyofrågan.

Det är inte nödvändigt att eliterna är överens men de måste ha en gemensam förståelse av verkligheten och den bakgrund som lett till den rådande situationen. Suryoyofrågan får inte fragmenteras och dess grundpelare rubbas. Detta bör gälla oavsett hur olika åsikterna är. Framtiden är gemensam för oss alla och vi bör sluta leden och ta ansvar för vad vi säger och tror på. Ett mål är att stadfästa suryoyoidentitetens fundament samt avtäcka de missförstånd som rått avseende de beståndsdelar som utgör nationen suryoyo. Dessa missförstånd har lett till att det politiska arbetet har misslyckats.

Enligt ordspråket är repetition kunskapens moder. Därför måste vi ideligen upprepa och påminna varje suryoyo om att acceptera den dystra verkligheten såsom den är samt att suryoyofrågan är unik och kan inte jämföras med ett annat folks kamp. Arbetet med suryoyofrågan förutsätter att suryoyo avsäger sig utslitna nationalistiska uppfattningar och partipolitiskt arbete, vilka inte passar suryoyofrågan.

2) Fragmenteringen av suryoyoeliterna

Suryoyo har eliter inom samhällets alla sektorer. Vi behöver således förstå orsakerna bakom de stora framgångar som suryoyo rönte i al-Jaziraområdet (Syrien) åren 1927–1964, den period som ibland kallas suryoyos renässans. Alla dessa framgångar utgick ifrån och riktades mot suryoyo själva. Det rådde vidare ett samförstånd med kyrkan och alla aktiviteter skedde utifrån benämningen suryoyo. Det fanns ingen anledning till och det gjordes heller inga försök att importera eller imitera idéer från angränsande folk eller att efterlikna hur dessa arbetade politiskt. Idag är det tydligt att alla som tagit initiativ till att bilda politiska organisationer bland suryoyo har ignorerat de ovan beskrivna villkoren men också bortsett från den påverkan som den islamiska kulturen spelar i de forna hemländerna. Denna ignorans ledde till att det politiska arbetet misslyckades och till att eliterna fragmenterades och spreds över världen.

3) Urholkat förtroende mellan folket och ledarskapet

Det är känt att folkets förtroende för sina ledare urholkas när ledarna inte håller sig till överenskommelser. På det sättet urholkades suryoyos förtroende för prästerskapet när det blev tydligt att det som prästerna uttalade inför folket inte stämde överens med hur prästerna agerade. Ett förtroende mellan folket, dess institutioner och ledarskap kan inte återuppbyggas utan att konkreta resultat påvisas. I stället för att använda "ska göra" i sina tal ska ledarskapet tala om "har gjort". Inte förrän denna förändring inträffar kan förtroendet byggas upp. Först etableras tillit och sedan en nation.

4) Kunskap

Suryoyo som tidigare i historien har lidit svårt av okunnighet och analfabetism är idag en minoritet med relativt hög utbildningsnivå. Åtminstone i Europa finns idag en generation suryoyo som har nått relativt hög akademisk nivå. Denna bildning och utbildning kan användas för att hitta de bästa och mest moderna metoderna för att utveckla folket på alla nivåer, såväl socialt och kulturellt som politiskt och ekonomiskt.

5) Bristen på solidariskt ekonomiskt samarbete

I socioekonomiska studier avseende solidaritetsekonomi lyfts de roller som individers och gruppers ekonomiska aktiviteter spelar på det sociala planet. Utifrån detta växte de kooperativa förbunden fram. Genom att kollektivet samarbetar kring ekonomin gynnas även kulturellt och socialt arbete.

I ett kooperativ ingår en samling människor med gemensamma mål. Kooperativet är en självständig juridisk entitet frikopplad från de ingående individernas juridiska status. Ett kooperativ har medlemmarnas intresse i fokus. Intäkter och vinster används för att gynna medlemmarna och kan fördelas eller återanvändas i verksamheten utifrån det som bedöms vara bäst för kooperativet.

Tanken med det kooperativa samarbetet är att individer har bättre förutsättningar att höja sin levnadsstandard när de går samman. Genom detta samarbete kan de även få större inflytande och påverka sin framtid på ett jämlikt och solidariskt vis. Kooperativet blir således en del av samhällskollektivet och kan ha positiv inverkan utanför den egna ramen. I grunden ligger givetvis en tro på alla människors rätt till ett fritt och tryggt liv.

Utifrån det som nämns ovan borde suryoyo överväga tanken på solidaritetsekonomi och bilda kooperativa förbund, vilka inte gynnar personliga intressen utan bidrar med finansiellt stöd till suryoyoinstitutioner och dessas verksamheter.

6) Demokratiska civila institutioner

Civilt arbete är de frivilliga insatser människor gör för att gynna samhället i stort. Det kan vara en individuell insats eller inom ramen för en organisation och inom skilda områden såsom kultur, vetenskap eller socialt arbete. Civilsamhället som term omfattar även frivilligt arbete som kollektiv utför riktat mot och utifrån gemensamma mål och värderingar. Genom civilt arbete kan medborgarna verka utanför ramen för staten och politiska organisationer. Insatserna kan bidra till folkbildning och påverka både folkopinionen och makthavarna.

Under 1900-talets senare del bevittnade världen framväxten av ett stort antal icke-statliga organisationer, vilka verkade utan vinstintresse. Dessa banade även väg för tankar på ett civilsamhälle som parallellt med staten kan spela en roll i den sociala utvecklingen. Vidare lyftes under 2000-talet civilsamhällets frågor på den politiska agendan och idag är det otänkbart att bortse från den roll som icke-statliga organisationer spelar i världen. De är idag en integrerad del av den globaliserade världen.

I demokratiska samhällen åtnjuter icke-statliga organisationer yttrandefrihet och deras synpunkter är efterfrågade och respekterade när viktiga politiska beslut ska fattas och lagar ska stiftas. Organisationerna gör också egna utvärderingar av hur den verkställande makten agerar. Utvärderingarna utgör en viktig del av underlaget när staten eftersträvar förbättringar och kunskap om hur civilsamhället svarar på den politikens utveckling i landet.

Baserat på den vikt som icke-statliga organisationer har i demokratiska samhällen bör suryoyoeliterna omvandla sina politiska partier, vars existens i nuvarande form inte behövs, till icke-statliga organisationer (kooperativ, stiftelser, förbund och föreningar). Suryoyo har inte en egen stat där politiska partier ska tävla om makten i allmänna val i ett parlamentariskt system. Suryoyo bedriver inte heller en kamp för att befria ett ockuperat land och därför bör suryoyo eftersträva etablerandet av ett civilsamhälle med egna fristående organisationer. Dessa organisationer kan sedan verka för att suryoyo ska åtnjuta sina mänskliga rättigheter, var än i världen de befinner sig.

11. De nya assyriernas påfund

Lögnen är ett förnekande av verkligheten. Den uttalas för att förmå människor att anta den som sanning. Den som uttalar den vet att den inte speglar verkligheten men använder den likväl för att lura en medmänniska eller en grupp människor. Lögner innehåller alltid delvis eller total förvanskning av fakta. Den innehåller påhittade perspektiv och händelser i syfte att kunna vilseleda. Oftast finns ett mål som ska uppnås med hjälp av lögner. Det kan vara ekonomiska, sociala eller politiska mål. Den stora lögnen är ett opinionsbildande begrepp som omnämns i Adolf Hitlers Mein Kampf. Begreppet avser en lögn som är så pass omfattande och komplex att folk antar att ingen har modet att hitta på en så stor osanning och att den därför kan vara sanningen.[14] Genom följande fakta ska vi se vilka tragiska konsekvenser den stora brittiska lögnen fick för nestorianska suryoyo.

Alla specialister på suryoyokyrkans historia är ense om att nestorianska suryoyo, men även andra vilka påstår sig ha en historisk, genetisk eller social koppling till Ashur och Babylon, inte har någon koppling alls till de forna assyrierna och babylonierna. Nestorianerna är helt enkelt suryoyo som samfundsmässigt tillhör Österns suryoyokyrka, de talar suryoyo (en arameisk dialekt) och de är en del av den samhällsväv som utgör

---

14 På tyska: Große Lüge. Hitler trodde att det var denna typ av lögn som judarna spred för att klandra den tyska generalen Erich Ludendorff för Tysklands nederlag under första världskriget. Ludendorff var en framstående politisk ledare och antisemit. Hitlers största lögn var att Tyskland egentligen inte förlorade kriget 1918.

suryoyo och som växte fram i samband med etableringen av suryoyokyrkan i Antiokia och i övriga bördiga halvmånen.

Bakgrunden till varför nestorianska suryoyo antog namnet assyrier går att spåra tillbaka till de utgrävningar som gjordes i norra Mesopotamien på 1800-talet. Den brittiske arkeologen/diplomaten Austen Henry Layard (1817–1894) hade grävt fram fornlämningarna efter de assyriska huvudstäderna Nimrud och Nineve. Mellan åren 1854 och 1855 skeppades över 25 tusen arkeologiska artefakter till Storbritannien från dessa utgrävningar. De historiska föremålen fick stor uppmärksamhet hos det brittiska folket, i synnerhet hos religiösa och bibelintresserade grupper, vilka i utställningarna såg kopplingar till berättelserna i Moseböckerna och bevis på den heliga skriftens historiska äkthet.

I samband med det allmänna intresset för de arkeologiska fynden började benämningen assyrier cirkulera i tryckpressen. År 1881 använde ärkebiskopen av Canterbury offentligt och för första gången benämningen assyrier när han refererade till nestorianska suryoyo. Samma år lyckades en delegation som ärkebiskopen sände till Mesopotamien övertyga klanledarna för nestorianska suryoyo om att benämningen nestorianer var nedsättande och att de borde börja kalla sig assyrier. Motiveringen var att med denna koppling till de forna assyrierna skulle deras frågor få större uppmärksamhet internationellt.

En individ som troligen mest framgångsrikt marknadsförde benämningen assyrier var den anglikanske pastorn William

Ainger Wigram (1872–1953).[15] Wigram anlände till de nestorianska suryoyos hemtrakter 1898 och blev kvar där i 24 år. Han hade en bra relation till den nestorianske patriarken och lärde känna flertalet nestorianska suryoyo. Han lärde sig suryoyo och grundade en skola. Wigram anger i sina skrifter att nestorianerna är ättlingar till de gamla assyrierna, bland annat i sin bok Our Smallest Ally från 1920.

Benämningen assyrier blev standard i europeisk massmedia och litteratur. Layard hade inte presenterat några bevis för varför nestorianska suryoyo ska kallas assyrier. Bakom detta fanns dels politiska incitament, dels missionsmässiga sådana.

I syfte att visa på det felaktiga i att kalla nestorianska suryoyo har historikern Mowaffaq Nisko gjort en ovärderlig insats. Han har samlat in över hundra historiska källor skrivna av upptäcktsresande, missionärer och historiker där allt pekar på att de som idag kallas assyrier är de facto nestorianska suryoyo, (anhängare till Patriark Nestorius) utan några kopplingar till de gamla assyrierna. Bland källorna kan vi nämna den franske historikern Michel Chevalier som i sin bok, Assyrian Christians in the Hakkary and Kurdistan Regions, refererar till hundratals källor och vittnesmål som samstämmigt anger: "Nestorianerna är östsuryoyo, de återupptäcktes av väst under sista tredjedelen av

---

15 Wigram blev känd för sina skriftliga skildringar av Österns assyriska kyrka (som den nestorianska suryoyokyrkan kallades). Han ingick i den delegation som ärkebiskopen av Canterbury sände till Mesopotamien. Bland hans publikationer i ämnet kan nämnas: The Doctrinal Position of the Assyrian or East Syrian Church (1908), An Introduction to the History of the Assyrian Church of the Sassanid Empire 100–640 A.D. (1920), Our Smallest Ally (1920), The Assyrian Settlement (1922) och The Assyrians and Their Neighbours (1929).

1800-talet. Dessa antog benämningen assyrier i stället för den gamla benämningen nestorianer".[16] Chevalier fortsätter: "Vänligen notera att när jag i denna bok talar om nestorianer/kaldéer, så använder jag mig av benämningen östsuryoyo i stället för Kaldu-Ashur som började förekomma i folkmun så sent som 1920. Den senare benämningen strider mot historiska fakta och kan inte användas i forskningen. Nestorianerna framförde åsikten att deras ursprung är assyriskt och de ser sig själva som ättlingar till de gamla assyrierna. Men denna åsikt har ingen förankring i verkligheten. Det är en nedärvd tradition och ett påfund som listigt stöttats av engelsmännen."

Historikern John Joseph, som själv är nestoriansk suryoyo, anger i sin bok The Modern Assyrians of the Middle East: "När de arkeologiska utgrävningarna upptäckte fornlämningarna av den assyriska huvudstaden Nineve med omnejd, riktades världens uppmärksamhet mot nestorianerna och deras bröder kaldéerna. Hjälten i denna upptäckt är Austen Henry Layard som hastigt proklamerade existensen av dessa historiska, språkliga och religiösa minoriteter, baserat på jordhögar och raserade palats i Ninive. Sedan 1870 byttes nestorianer ut mot assyrier i den officiella anglosaxiska terminologin".[17]

I samband med massakrerna i Simele 1933 distanserade sig engelsmännen från assyrierna och en rad forskare och politiker från

---

16 Chevalier: Assyrian Christians in the Hakkary and Kurdistan Regions (arabisk översättning: al-Masihiyun fi Hakkari wa Kurdistan al-Shamaliya, översättning Nafi Tosa, al-Atlas Ltd förlag 2010, s. 201–298.

17 Dr. John Joseph: The Modern Assyrians of the Middle East: A History of Their Encounter with Western Christian Missions, Archaeologists and Colonial Powers, 2000, s. 17–20.

olika bakgrunder fördömde benämningen av nestorianer som assyrier. Engelsmännen ångrade att de hade använt benämningen assyrier och slutade beskriva nestorianerna som ättlingar till assyrierna. Att komma upp med benämningen assyrier fick negativa effekter för suryoyo från andra samfund, i synnerhet de som drömde om ett enande av alla suryoyosamfund. Däremot fortsatte medlemmar i Österns nestorianska kyrka att kalla sig assyrier och vidgade benämningen till att inkludera sitt språk, den arameiska dialekten suryoyo som i stället kallades assyriska. Kyrkan kallades assyrisk och till och med Kristus och alla civilisationer mellan himmel och jord ansågs ha assyriska rötter.

12. Nationalism bland suryoyofolket

En bildad suryoyo skiljer sig inte betydligt från den bildade turken eller araben i sin förståelse av nationalismen eller i dessas efterliknelse och blinda imitation av européerna. Därför kan vi återanvända allt som anfördes ovan avseende turkisk, arabisk och kurdisk nationalism såväl i teorin som i praktiken om suryoyonationalism. Men för att förstå bakgrunden till nationalistisk ideologi bland suryoyo måste vi ta oss igenom hur suryoyofolket formades.

Det råder inget tvivel om att ordet suryoyo kommer ur det grekiska ordet för assyrier. Men detta betyder inte att dagens suryoyo är ättlingar till de gamla assyrierna, därför att det fattas historiska bevis för detta påstående. De jakobitiska suryoyo använder benämningen suryoyo när de refererar till sig själva. Benämningen används också för att referera till kyrkan och språket och används sedan första århundradet i vår tideräkning i såväl tal som skrift. Det är ett historiskt faktum och är en symbol för suryoyofolkets enhet, oavsett var en suryoyo befinner sig i världen och vilka civila, kyrkliga eller politiska organisationer han eller hon är medlem i. Benämningen suryoyo är tillräcklig för att fastställa suryoyoidentiteten. Det finns historiska fakta som visar att dagens suryoyo har blivit till genom historiska processer i samband med framväxten och utvecklingen av kristendomen och den tidiga kristna kyrkan. En rad folk av diverse etniska och kulturella bakgrunder smälte samman till ett folk som idag kallas suryoyo.[18] Detta folk har inga direkta etniska band till de gamla assyrierna, araméerna eller babylonierna.

Nationalismen bland en del suryoyo tar avstamp i att assyrierna är ursprungsbefolkningen i Mesopotamien. Med assyrier avses de som grundade det assyriska imperium som slutligen föll år 612 före vår tideräkning. Den assyriska nationalismen göder drömmen om att suryoyo ur alla bakgrunder ska förenas under en gemensam fana. Förgrundsfigurer för assyrisk nationalism under de sena 1800- och tidiga 1900-talen var Naum Faiq, Freydun Atturaya, Ashur Yousif och Farid Nazha. Dessa uppmanade alla suryoyosamfund i Mesopotamien att enas. Denna brist på insikt och felaktiga förslag fick negativa konsekvenser som gör sig påminda än idag. Huvudpersoner i den tidiga assyriska nationalistiska rörelsen var påverkade av armenisk nationalism. Tur Abdin utgjorde nämligen en mosaik av armeniska byar och suryoyobyar som låg tätt och sammanblandade. Giftermål och släktskap var vanliga mellan dessa två kristna folk. Båda folken hade också varit offer vid flertalet massakrer utförda av osmanerna, exempelvis i Diyarbakir 1894–1896 och folkmordet Seyfo 1915–1918.

Diyarbakir, som var säte för suryoyoortodoxa patriarkatet, hade en betydande armenisk befolkning. Det var naturligt att bildade suryoyo skulle påverkas av sina armeniska grannar och vänner. Ett resultat av denna påverkan var Naum Faiqs publicering av tidskriften Kawkbo d'Madinho (1910–1912) och Ashur Yousifs publicering av tidskriften Murshid Athuriyion (1910–1915).

---

18 Detta hände på flera håll i Afrika och Asien till följd av den europeiska kolonialismen och de efterföljande antikoloniala befrielserörelserna (se till exempel i Horowitz 1995:64–74, Young 1994:225–231; Peel 1989:198–213).

Men Faiqs och Yousifs idéer om sådana begrepp som foster-
land, nation och nationalism var inte tydliga i jämförelse med
de armeniska intellektuella, utan de byggde snarare på emotion-
ella än realistiska grunder.

13. Suryoyo-journalistikens effekter

Media är den huvudsakliga påverkansfaktorn på människors
tänkande och åsikter. Journalistiken påverkar folkopinionen och
är det effektivaste verktyget för att forma massornas kollektiva
narrativ. Detta faktum kvarstår även i våra dagar när elektronisk
och digital media dominerar. Journalisten drivs av en plikt-
känsla att förmedla en verklighetstrogen skildring av samtiden.
Journalistiken vill rikta ljuset mot viktiga samhällsfrågor utan
överdrifter och lögner. Journalistiken distanserar sig från makt-
havarna, även om den granskar dem, och försöker förmedla ett
narrativ som är historiskt korrekt.

Suryoyo har sedan slutet av 1800-talet försökt sprida politisk
och nationell medvetenhet genom att efterlikna och blint imitera
närliggande folk. På det sättet spreds en felaktig uppfattning om
nationalism och politik bland suryoyo runt om i världen.

Suryoyojournalistiken spelade en avgörande roll i spridningen
av dessa felaktiga uppfattningar. En rad intellektuella suryoyo
såsom Ashur Yousif, Naum Faiq och Farid Nazha tog till sig de
nestorianska suryoyos förvridna nationalism, som byggde på ett
engelskt påfund om att dessa var ättlingar till de gamla assyri-
erna och att de utgör en assyrisk nation. Sådana tankar går att
läsa idag i det journalistiska arbete som bedrevs av Yousif, Faiq
och Nazha. Dessa texter bär vittnesmål om den okunnighet som

var omfattande bland suryoyo under dessa tidiga journalisters levnadstid. De förmedlade en kallelse till enighet i linje med felaktiga uppfattningar som importerats från nestorianska suryoyo.

Naum Faiq (1868–1930) anses vara en nationalistisk pionjär bland suryoyo. Men vad utmärkte hans nationalistiska idévärld? Av Faiqs litterära produktion, alltsedan tiden i Diyarbakir fram till hans död i New Jersey i USA, framgår att han hade en stark önskan att sprida bildning bland suryoyo, oaktat deras bakgrund. Han ville vidare understryka vikten av utbildning och nationell enighet. Han gjorde det medan han själv var okunnig avseende suryoyofolkets historia och tillblivelse. Hans kunskaper om politik var i allmänhet också bristfälliga. Faiq hade en diffus uppfattning om nationalism som karaktäriserades av känslor och intellektuell omognad. När man läser igenom hans texter i tidskriften Beth Nahrin märker läsaren att Faiq blandar friskt mellan benämningarna suryoyo, assyrier och araméer men är samtidigt tydlig med att alla dessa benämningar åsyftar ett sammanhållet folk, vars hemland är Mesopotamien och vars söner och döttrar har ett gemensamt språk, historia, traditioner, seder och bruk. Faiq drogs med i idéströmningen att nestorianerna är assyrier. Han blickade mot europeisk nationalism och var noga med att påtala enighet mellan alla suryoyosamfund.[19]

Naum Faiq älskade sitt folk, sitt språk och sin kyrka oändligt mycket men han blandade ihop begreppen hemland och stat. I realiteten visar hans litterära verk att han var en poet och en journalist som genom sina vägledande artiklar kämpade för att sprida budskapet att alla suryoyosamfund bör förenas.

---

19 Naum Faiq, Tidskriften Beth Nahrin, andra året, nummer 4 april 1918.

15. Politik och suryoyopartierna

Politik är, i ett statsvetenskapligt sammanhang, en studie och en förändring av den politiska verkligheten, inte teoretiskt utan praktiskt. Analysen görs utifrån de givna värdena avseende makt och intressen. Politik måste vara praktiskt genomförbar och de uppsatta målen ska kunna uppnås utan att det strider mot statens lagstiftning, dess politiska system, värderingar och sociala koder. Politik är numera en vetenskapligt etablerad term som anger metoderna för att planera och verkställa mot specifika mål.

I demokratier, och i enlighet med statens konstitution, utgår makten från folket. Men makten utövas effektivast genom parlament, politiska partier, intressegrupper men även massmedia. I diktaturer samlas däremot makten inom en snäv krets av människor, inte sällan med stöd av militären och polisväsendet.

Det politiska engagemanget bland suryoyo i provinsen al-Jazira i Syrien visade sig först genom att en del anslöt sig till det syriska kommunistpartiet. Partiet var bland de äldsta politiska partierna i arabvärlden och den syriska varianten grundades 1937 av Artin Madoyan. Partiet rönte stora framgångar i rekryteringen av medlemmar i al-Jazira och i mitten av 1950-talet hade den hundratals anhängare, såväl kurder som armenier och araber.[20] Ett inte obetydligt antal medlemmar utgjordes vidare av ortodoxa suryoyo, medan katolska suryoyo utgjorde en mindre minoritet men främst bland dessa fanns storbonden Rafael Tarzi

---

20 Shams al-Din al-Kilani: al-Hizb al-Shiu'i al-Suri (Syriska kommunistpartiet), Dar al-Ahali, Damaskus, 2003, s. 81.

65

Bashi, som också var en av partiets mest generösa bidragsgivare.[21] I maj 1954 bildade partiet ett fackförbund för arbetarna inom jordbruket. Ledare för förbundet var Jamal Jirkis och Malke Isa (alias Abu Raad).[22] Således blandade suryoyo sig i det nationella samhällsbygget i Syrien genom sitt engagemang i Kommunistpartiet men delvis även i tidigare nämnda SSNP.

Beträffande suryoyopartierna och deras roll i att bygga ett suryoyosamhälle, så råder en förtroendekris mellan partierna å ena sidan, mellan partierna och samhället å andra sidan och mellan partierna och suryoyokyrkan å tredje sidan. Den främsta anledningen till denna förtroendekris är att partierna saknar förmåga att tillämpa sina slagord i praktiken. Mellan partiernas visioner och folkets realitet finns ett vidsträckt gap. Relationen mellan partierna och folket kan betecknas som ett första, såväl dystert som misslyckat, försök från partiernas sida att etablera en politisk verksamhet. Detta försök bör analyseras och genomskådas i ett statsvetenskapligt perspektiv.

För att läsaren ska få en tydligare uppfattning om den situation som suryoyopartierna befinner sig i, bör vi gå igenom respektive partis historia, målsättningar och de konkreta resultat partiet uppnått hittills. Listan nedan visar att suryoyo har sedan 1900-

---

21 Brev från Yakub Karro till forskaren Muhammad Jamal Barut: al-Takawun al-Hadith lil-Jazira al-Furatiya (Den moderna formeringen av Eufrats Jazira), 21 december 2011.

22 Muhammad Jamal Barut, al-Takawun al-Tarikhi al-Hadith lil-Jazira al-Furatiya (Den moderna formeringen av Eufrats Jazira), Arab Center for Research and Policy Studies, första upplagan, Beirut, 2013, s. 771–773.

talets början bildat en rad olika partier oavsett var i världen de har befunnit sig.

Lista över suryoyopartier

Parti	Plats för grundande	Årtal för grundande
Syriska unionen (???) går ej att hitta officiellt namn eller info	Urmia – Iran	1907
Assyrian Socialist Party (Gaba Shawtapaya Atouraya)	Urmia – Iran	1917
Al-Rabita al-Wataniya al-Ashuriya går ej att hitta officiellt namn eller info	Amerika (USA?)	1918
Assyrian Democratic Organization (ADO)	Syrien	1957
Assyrian Universal Alliance	Amerika (USA?) Pau, Frank-rike enligt AUA:s hemsida	1968
Bet-Nahrin Democratic Party	USA	1974
Bet-Nahrin Democratic Party (Samma som ovan???)	Ankawa – Irak	1974
Dawronoye (Bethnahrin Freedom Party sedan år 2000) senare ESU?	Midyat – Turkiet	1988??
Assyrian Universal Alliance (???) se ovan samma?	Chicago – USA	1978

Assyrian Democratic Movement	Irak	1979 (enligt Wikipedia)
Assyrian Democratic Party	Syrien	1990
Assyrian Progressive Nationalist Party	Irak	1990
Assyrian Liberation Party (GFA)	Sverige	1995
Syriac Union Party	Libanon	2005
Assyrian Patriotic Party (Atranaya??)	Duhok – Irak	2011
Syriac Union Party (Syria) dessa är väl Dawronoye???	Syrien	2011

1. **Assyrian Democratic Organization (ADO)** bildades 1957 och i de egna publikationerna beskrivs partiet enligt följande: En nationalistisk och demokratisk politisk organisation med målet att värna det assyriska folkets fortlevnad och att förverkliga dess legitima nationella strävanden (politiska, kulturella och administrativa) i dess historiska hemland. Partiet definierar det assyriska folket som: Det assyriska folket är en levande fortsättning för folket och civilisationen i Mesopotamien, i dess olika epoker från den sumeriska, akadiska, babyloniska, kaldeiska, assyriska till den syriska. Alla dessa är nationella benämningar som det assyriska folket blev känt under i enlighet med den historiska kontexten för respektive benämning.

Sedan början av 1900-talet och efter att den felaktiga national-istiska ideologin hade nått provinsen al-Jazira började de nationalistiska känslorna att svalla bland bildade suryoyo. Ett antal unga män, vilka var medlemmar i den ortodoxa suryoyokyrkan, försökte bilda en politisk organisation. De unga var påverkade av idéer presenterade av Ashur Yousif, Naum Faiq, Farid Nazha, Freydun Atturaya och Toma Audo med flera. Det finns inget dokumenterat avseende denna tidiga politiska organisation förutom en del muntligt traderade anekdoter om individuella insatser. Det mest genuina dokument som idag finns tillgängligt är skrivet av den tidigare ledaren Dr. Abrohom Lahdo. I dokumentet beskrivs det historiska grundandet av ADO och dess aktiviteter. ADO beskrivs som en politisk rörelse med mål att förena alla suryoyo (jakobiter, nestorianer, melkiter, kaldéer och maroniter) under den nationella assyriska fanan.[23]

Under en intervju som genomfördes med den framlidne tidigare ledaren inom ADO Ninos Aho i januari 2012, sade han: "ADO bildades egentligen i början av 1960-talet. Det som fanns innan var en del tankar och diskussioner om nationen (umtho på suryoyo) bland unga suryoyo i al-Qamishli, men det fanns inga aktiviteter." Han fortsätter: "Valet av 1957 som etableringsåret för ADO fastställdes godtyckligt i efterhand."[24]

---

23 Abrohom Lahdo, Tarikh Mujaz an Bidayat al-Munathama al-Athuriya al-Demoqratiya (Kort historik om ADO:s begynnelse), Wiesbaden, Tyskland 2011.

24 Intervjun kan hittas på assyriatv.org. Programmets titel: Fi Dhikra Ninos Aho - Raed Ashuri (I minnet hos en assyrisk pionjär).

Ända sedan dess bildande har ADO försökt koppla de forna assyrierna till dagens suryoyo. De flesta suryoyo och i synnerhet prästerskapet avvisade denna koppling. I bräschen för att avvisa denna koppling fanns patriarken Afram Barsom. Han såg ADO som en avvikelse från den arbetslinje patriarken valde för suryoyo, där de skulle vara med i den syriska nationalistiska rörelsen [25]. Patriarken hade redan under sin tid som biskop på 1920-talet, konfronterat Naum Faiqs introduktion av den assyriska idén. ADO såg sig själva som en fortsättning på Naum Faiqs tankar som hade fått ytterligare uppbackning av benämningen kaldu-ashur (kaldoassyrier) som fransmännen hade hittat på under fredskonferensen i Paris 1919. Trots tillkomsten av ADO fanns det en del hinder för att rörelsen skulle locka till sig unga suryoyo. I al-Jazira var de unga framför allt inriktade på att vara aktiva inom ramen för de arabnationalistiska respektive kommunistiska rörelserna.

Än idag lider suryoyo av det politiska bedrägeri som engelsmännen utsatte de nestorianska seriösa för, som övertygade de senare om att de tillhör den assyriska civilisationen. Nestorianernas okunskap om sin historia fick deras känslor att svalla och de såg sig själva som ättlingar till guden Ashur och som grundare av assyrisk nationalism och representanter för alla suryoyo. Bildade jakobitiska suryoyo förstod inte hur okunniga nestorianerna var och hur vilse de jakobitiska suryoyo själva var i sekterismens labyrinter.

Under det som kom att kallas suryoyos gyllene era eller renässans (1927–1962) ansåg suryoyo att de stod på jämlik nivå med

---

25 Här menas staten Syrien.

alla andra folk i regionen. De tog således till sig importerade nationalistiska idéer och imiterade arabiska, armeniska och kurdiska partier. Detta gjordes utan hänsyn till suryoyos speciella situation och avsaknaden av konceptuell förståelse för och erfarenhet av politiskt arbete. Det politiska arbetet bland suryoyo drevs i detta läge mer mot underjordisk verksamhet. I deras värld trodde de unga nationalisterna att politiskt arbete gick ut på att stärka nationalkänslan bland suryoyos olika samfund. Den historiska, geografiska och sociala realiteten ignorerades. Allt detta skedde under en stormig tid i den regionala politiken när militära statskupper avlöste varandra i Mellanöstern.

Dr. Abrohom Lahdo säger: "Enligt Dr. Sanharib Hanna Shabo, en av ADO:s grundare, ställde ett antal patriotiska ungdomar i al-Qamishli frågor om varför suryoyo saknade ett parti eller annan politisk organisation som skulle kunna vara på samma nivå som andra partier i Syrien, exempelvis SSNP, kommunisterna och baathisterna eller de kurdiska partierna. De unga bjöd in till ett möte för att diskutera möjligheten att bilda ett parti. Till mötet anslöt inte fler än tio personer, bland dem Dr. Sanharib Hanna Shabo, Konstantin Shamoun och några till, vilka är omnämnda i Aziz Ahes bok. Under mötet kunde deltagarna inte enas om ett specifikt namn, en del ville ha assyrisk (athuri på arabiska) med i namnet, andra ville ha suryoyo (suriani på arabiska). I samband med mötet bildades inget parti och inte heller någon form av kommitté. Året efter åkte Dr. Sanharib till Europa för specialiststudier. Detta är vad jag vet om ADO:s tillblivelse 1957." Idag påstår flertalet i ADO:s ledarskap att de verkliga grundarna av partiet var: Ninos Aho, Saliba Elio Hanna, George Salmoun och Said Rizqallah och det skedde

1960/1961 och inte 1957. Denna uppgift ska ha varit hemlighållen fram till 1976 när Dr. Abrohom Lahdo ifrågasatte hemlighetsmakeriet i sin rapport.

När ovan beskrivna möte ägde rum var tiderna gynnsamma för att ADO skulle sprida sina idéer bland suryoyo i al-Jazira. Unga suryoyo upplystes om sin historia och om "den nationella frågan". Som plattformar användes såväl kyrkliga verksamheter som de kulturella och sociala aktiviteterna. ADO lyckades exempelvis, vilket ingen kan förneka, med att återuppliva den folkliga musiken. Men ADO var samtidigt övertygade om att den underjordiska verksamheten var nödvändig. Denna övertygelse grundades på fruktan för den repressiva syriska baathregimen. Hemlighetsmakeriet var emellertid kontraproduktivt. Det ledde till en uppfattning att ADO var en mäktig och farlig organisation, när den i verkligheten var en papperstiger. ADO var ett resultat av emotionellt agerande utan solid ideologisk bas som inte vilade mot suryoyos historiska och religiösa bakgrund. Dess ledare var härutöver oerfarna beträffande politiskt arbete med allt vad det innebär av dimensioner och utmaningar.

Utan någon historisk referens kallade ADO, i likhet med nestorianerna, folket, kyrkan och språket för assyriska. Tanken var att benämningen assyrier skulle förena alla suryoyosamfund på en global nivå. Denna felaktiga benämning används än idag. I den dokumentation som finns bevarad går det inte att hitta bevis för att ADO hade ett politiskt program som hade sin utgångspunkt i suryoyos aktuella situation. De flesta dokumenten utgörs av protokoll och anteckningar från konferenser och möten där olika beslut fattades. Besluten följdes av ett begränsat antal lojala inom ledarskapet. En liten skrift gavs ut 1977 med titeln

Idahat Fikriya (Ideologiska förtydliganden). Skriften tål inte kritisk granskning, i och med att den saknar:

- En korrekt historisk och demografisk beskrivning av suryoyo
- Realistiska och uppnåbara mål
- Processer och verktyg för att nå målen
- En politisk och ekonomisk vision för suryoyo i världen

Definitionen av förhållandet mellan ADO och kyrkan utgjorde ett särskilt knepigt kapitel i organisationens politiska ställningstaganden. ADO eftersträvade inte samförstånd med kyrkan, utan initierade vad som kan kallas en misslyckad kupp. Kyrkans svar blev mycket kännbart för ADO och försämrade dess framtidsutsikter. ADO insåg inte att de interna och externa stridigheter som kyrkan var delaktig i, inte var av teologisk karaktär utan en ren och skär maktkamp. Alla försök att beröva prästerskapet makt, utan kompromisser, är dömda att misslyckas. ADO påstår fortfarande att det var prästerskapet som startade striden. I den ovan nämnda skriften hade dock ADO gjort sin ställning gentemot kyrkan klar och suryoyokyrkan såg därmed ADO som en fientlig organisation. ADO ansåg att kyrkan var förlegad som representant för suryoyo. Den moderna världen krävde nytt, civilt, organiserat politiskt ledarskap. ADO agerade självmant som detta nya ledarskap i synnerhet i diasporan i Europa. Det var också i diasporan som striden mellan kyrkan och ADO blev som mest intensiv. Båda parterna gjorde farliga övertramp. I Sverige var kampen som mest aggressiv och grova fel begicks mot såväl folket som kyrkan. I en dumdristig aktion år 1977 hängde Gabriel (Shamosho) Afram en skylt över kyrkporten där det stod: Assyriska kyrkan. Samtidigt agerade kyrkan överilat när den förvägrade suryoyo som inte tog avstånd från benämningen assyrier att ta del av kyrkans sakrament. ADO och kyrkan stod nu i varsin ringhörna och bataljen fortsatte. Det var dock en batalj ADO omöjligen kunde komma segrande ur.

ADO var medvetna om det inflytande kyrkan har över suryoyo. ADO försökte därför smyga in i kyrkans värld genom de teologiska skolorna och klostren. Tanken var att mobilisera och påverka de ungdomar som bedrev teologi- och språkstudier. Dessa skulle fylla vakanser inom prästerskapet och några skulle avancera vidare till biskopar. I framtiden skulle ADO-trogna präster leda kyrkan. Det var strategin.[26]

År 1978 antog Assyriska riksförbundet i Europa den påhittade assyriska flaggan, designad av en medlem i Assyrian Universal Alliance, som symbol för rörelsen. ADO, som kontrollerade alla assyriska föreningar i Europa, ansåg att flaggan skulle bidra till att förena världens suryoyo. Vidare komponerades en nationalhymn som spelades vid nationaldagar och högtider. Vid det läget verkade det enda som fattades vara att suryoyo skulle deklarera den assyriska staten i Mesopotamien. Dessa illusioner resulterade till exempel i att en av grundarna, den bortgångne Abdulmasih (Ninos) Aho lärde sig den östliga suryoyodialekten

---

26 Detta berättar Dr. Gabriel Oussi, ledare inom ADO, om hur försök gjordes i mitten av 1970-talet i Midyat för att övertyga språklärarna inom kyrkans undervisningsorganisation om att till eleverna saluföra ADO:s ideologi. Oussi fortsätter och berättar att han bland andra pratade med läraren Elias Shahin, som undervisade vid Mor Akhsnoyokyrkan och med Isa Garis, läraren vid Mor Gabrielklostret i Tur Abdin. Intervjun med Oussi kan hittas på assyriatv.org (datum för programmet: 2020-09-14. Programledare Aziz Poli).

och höll sina tal på denna dialekt. Han brukade säga: "Om du inte kan tala östsuryoyo, då kan du inte bli en riktig assyrier."

Mellan åren 1978 och 1980 började de interna konflikterna inom ADO visa sig i offentligheten. En grupp vänsterinfluerade unga medlemmar i ADO tog upp diskussioner med organisationens ledarskap kring behovet av vänsterpolitiskt arbete. Den låga bildningsnivån hos ledarskapet gjorde att debatterna med ungdomarna saknade rationalitet och blev emellanåt hätska. En del individer på båda sidor började bära på handeldvapen, bland dem ADO-ledaren Gabriel (Shamosho) Afram. Sådant vansinne fick tragiska följder när den unge Shamoun Abdyo (Aslan Noyan) miste livet måndagen 15 september 1980.[27] I samband med denna tragiska händelse beskrevs ADO på sina håll i media som en fascistisk terroristorganisation. Ett halvår efter mordet delades ADO itu. Ena delen styrdes av Gabriel (Shamosho) Afram som var besatt av en hämnd mot ADO. Den andra delen styrdes av Gabriel Oussi som ganska snart efter delningen avsade sig ansvaret att leda organisationen i Sverige.

I september 1986 anhölls en ung man vid namn Gabi Lahdo på flygplatsen i Aleppo. Han var på väg till Västtyskland och med sig hade han ett brev från Politbyrån till Dr. Abrohom Lahdo, ordförande i ADO i Europa. Myndigheterna i Syrien utförde sedermera fler arresteringar och de utsatte de gripna för tortyr. Bland de gripna fanns: Bashir Saadi, Aziz Ahe och Saaid Saume

---

27 Motsägelserna som omgärdar Abdyos/Noyans död är beskrivna i Stefan Anderssons bok från 1983, Assyrierna: en bok om präster och lekmän, om politik och diplomati kring den assyriska invandringen till Sverige, bokförlaget Tiden.

Lahdo. Efter deras frisläppande vidtog en period av ändlösa diskussioner, spekulativa anklagelser och undanflykter och snart kunde alla som följde frågan konstatera den diktatoriska stil med vilken Politbyrån och dess ledare Aziz Ahe styrde ADO på detaljstyrande nivå.[28]

ADO hade inga planer på att bryta med den syriska staten eller ställa krav på kulturella eller religiösa rättigheter. ADO var mer eller mindre legal i regimens ögon och ansågs inte ha kopplingar till regimens fiender och bedrev ingen vapen- eller narkotikahandel, vilket är fallet med en rad andra politiska organisationer i Syrien. Därför bör frågan ställas: Vad var ADO rädda för och vad föranledde hemlighetsmakeriet? ADO var faktiskt så rädda att de fruktade sin egen skugga, trots att regimen vid det givna tillfället tillät dem verka relativt fritt. ADO borde istället för att ägna sig åt att sprida fruktan för regimen ha samarbetat med kyrkan för att förmå fler unga suryoyo att ansluta sig till den nationella syriska militären och till ett samarbete med regimen. I stället för att samarbeta med den nya regimen i Syrien (Hafez al-Asad) för att främja suryoyos intressen, valde ADO att innesluta sig själv och bli alltmer hemlighetsfull. För varje suryoyo som frivilligt hade inlett en militär karriär i Syrien, hade suryoyos inflytande i provinsen al-Jazira ökat och det hade bromsat flytten utomlands.

Många år senare, inte mindre än trettio, och fortfarande utan någon konkret respons på den kritik som riktades mot ADO, publicerade Aziz Ahe, ledare för Politbyrån och ideolog, år 2009 en

28 Dr. Abrohom Lahdo, Tarikh Mujaz an Bidayat al-Munathama al-Athuriya al-Demoqratiya (Kort historik om ADO:s begynnelse), Wiesbaden, Tyskland 2011, s. 10–11.

bok med titeln: Sammanfattad historia över Assyriska demokratiska organisationen 1957–1999.[29] Boken förväntades vara analytisk och självrannsakande, men innehållet blev torftigt och utgjordes av en listning över möten, konferenser och beslut som fattades i samband med dessa. I boken förekommer även overkliga och överdrivna beskrivningar över hjälteinsatser som ADO tar äran för. Som en lojal insats mot den egna organisationen och ett tecken på gott ledarskap borde Aziz Ahe ha diskuterat orsakerna bakom ADO:s misslyckande. Misslyckanden som inte är förbehållet ADO utan delas av alla andra "syrianska", "arameiska" och "assyriska" partier.

2. **Assyrian Universal Alliance (AUA)** bildades i Frankrike 1968 och har följande politiska målsättningar:

- Bildandet av en världsorganisation för assyriska individer, organisationer och förbund
- Marknadsföra, stötta och hedra namnet assyrier i världen. Värna assyriers mänskliga rättigheter i hemlandet samt grunda en autonom assyrisk stat i det assyriska hemlandet

Alliansen definierar sig inte som ett politiskt parti utan som en samlande organisation som samarbetar med såväl politiska partier som kyrkliga och civila organisationer. År 1991 blev AUA medlem i UNPO (Unrepresented Nations and Peoples Organization).

3. **Bet-Nahrin Democratic Party (BNDP)** bildades i Irak 1974 bland annat med målsättningen att etablera en autonom administrativ region i det assyriska hemlandet. Partiet deltog

---

29 Aziz Ahe: Mujaz Tarikh al-Munathama al-Athuriya al-Demoqratiya min am 1957–1999.

i de nationella valen i Irak 2005. År 2015 deklarerade partiet bildandet av Nineveh Plain Forces, en skyddsstyrka verksam i regionen och som bland annat ska säkra återvändandet av flyktingar efter Islamiska statens (Daaeshs) härjningar i norra Irak.

4. **Assyrian Democratic Movement (Zowaa)** bildades i Irak 1979 och har som mål ett erkännande av den assyriska nationens närvaro i Irak och att arbeta för att skydda nationens rättigheter i Irak. Partiet anslöt sig under 1980-talet till det väpnade upproret i norra Irak mot den irakiska regimen. Partiet deltog i parlamentsvalen i Kurdistan efter andra Gulfkriget och sedan i de nationella valen efter den amerikanska ockupationen av Irak 2003. Tidningen Bahra utgör partiets officiella mediekanal.

5. **Assyrian Patriotic Party** Bildades i Bagdad 1973. Dessvärre har författaren ingen annan information om partiet.

6. **Assyrian Democratic Party (ADP)** bildades i Syrien 1978 i samband med att en grupp under ledning av Adam Homeh lämnade ADO. Partiet representerar östsuryoyo (nestorianernas) intressen i Khaburdalen. Partiet är öppet sekteristiskt. Partiet anser att endast östsuryoyo (nestorianer) är äkta assyrier. Den erkänner inte västassyrier (jakobitiska suryoyo) som assyrier. Partiet har samarbetat med den syriska staten sedan 1990-talet. Under den interna väpnade konflikten i Syrien har ADP varit nära knuten till Khabour Guards (en östsuryoyo självförsvarsmilis). De kallar sig

själva Assyriska inrikes säkerhetsstyrkan. Milisen finns centrerad i Tel Tamer och i Khaburdalen.

7. **Aramean Democratic Organization (ArDO)** bildades enligt egen utsago 1988 av Gabi Gallo, medan organisationens hemsida anger följande: "Aramean Democratic Organization etablerades tack vare idéer, arbetsinsatser och kamp från de som kallar till arameisk nationalism och de som tror på denna nation. Organisationen är en politisk och nationalistisk rörelse som arbetar för att uppnå sina målsättningar och principer, vilka är uppradade i konstitutionen, och för att förverkliga grundandet av en nationell arameisk stat i dess nationella landområden. Organisationens mål och principer är:[30]

1) Att bilda opinion, såväl på nationell nivå som på världsnivå, för den arameiska saken.

2) Att verka för att återerövra det arameiska folkets bortrövade rättigheter; såväl geografiskt som historiskt och kulturellt i Mellersta Östern.

3) Att genom politiska, massmediala och andra medel kämpa för ett arameiskt land i det historiska Aram-landet.

4) Att verka för att rädda det arameiska språkliga, litterära och kulturella arvet från de systematiska och statsorganiserade arabiserings-, turkifierings-, kurdifierings- och islamiseringsprocesserna.

---

30 Aramean-dem.org – Observera avvikelser mellan hemsidans arabiska och svenska versioner av målsättningar och principer.

5) Att motverka assimileringen såväl i diasporan som i hemlandet, samt att ständigt verka för att förena det arameiska folket med det nationella målet, nämligen att återvända till araméernas framtida land med utgångspunkt från Libanon.

Genom dessa mål och principer märks det hur ArDO blint har kopierat ADO men lagt till ett antal egna fantasifulla målsättningar. En bisarr detalj är att i den svenska versionen av hemsidan ovanför rubriken MÅL har organisationen förkortat sitt namn, ironiskt nog, till ADO. Detta kan vara ett tryckfel men utgör komisk detalj i synnerhet i och med att ArDO ser ADO som en avvikelse.

8. **Assyria Liberation Party (GFA)** bildades i Sverige 1995 och har som målsättning att etablera en fri och suverän assyrisk stat i sydöstra Turkiet, nordöstra Syrien och norra Irak. Detta ska göras efter att dessa områden befriats från de turkiska, kurdiska och arabiska ockupationsmakterna. Det finns dessvärre ingen mer information om detta parti.

9. **Dawronoye (de progressiva)** I slutet av 1980-talet fanns en grupp unga suryoyo med sympatier till PKK i staden Midyat i Tur Abdin. De anslöt sig sedermera till den lokala grenen av PKK. Dessa unga män och kvinnor utgjorde det första embryot till Dawronoye. I början av 1990-talet började idéer gro hos dessa individer om att bilda ett eget parti eller någon form av politisk och militär organisation som skulle verka för suryoyos "nationella fråga". Förslaget togs upp med PKK:s ledare Öcalan som då befann sig i Syrien. Öcalan lovade stödja en sådan organisation och tillmötesgå dess be-

hov. Motiveringen var att suryoyo och kurder har en gemensam fiende i Turkiet och att den kurdiska kampen skulle gynnas av att ytterligare krafter bekämpade den turkiska staten. Följaktligen, bildades Tukoso Dawronoyo Mothonoyo d'Bethnahrin (Bethnahrins patriotiska revolutionära organisation) 1995. Medlemmarna kallade sig kort för Dawronoye vilket betyder progressiva.[31] Dawronoyo blev direkt efter grundandet tränade av PKK. Under oktober 2004 och genom bidrag från affärsmän och insamlingar i kyrkorna startade Dawronoye sändningar från en egen tv kanal kallad Suroyo TV. Kanalen hade tidigare sänt program genom PKK:s tv-kanal men kunde nu själv ta hand om sina sändningar. Kanalen blev en stor framgång för organisationen och dess budskap. Många suryoyo började intressera sig för Dawronoye och sympatisera med dem. Ett gynnsamt tillfälle uppstod när Turkiet i samband med sina förhandlingar med EU om kandidatstatus genomförde en rad reformer. Dawronoye kunde för första gången öppet fira den assyriska sommarfestivalen Akitu i al-Qamishli. Festivalen besöktes till och med av guvernören i Mardin. Erdoğan skickade personligen brevledes en hälsning till Dawronoye. Suroyo TV sände givetvis festivalen live. Detta sågs dock inte som en triumf av alla medlemmar. En del ansåg att organisationen hade kapitulerat inför den turkiska statsmakten utan att ha fått något i gengäld. Således lämnade en rad medlemmar organisationen.

---

31 Enligt Wikipedia-artikeln om Dawronoye, ska detta ord ha använts i meningen revolutionär när den egentligen betyder modern. Författaren har valt betydelsen progressiv.

Det kan framföras att Dawronoye försvagades mellan åren 2004 och 2012. Dess aktiviteter i Europa och i Mellanöstern sjönk betydligt i antal och intensitet. Bland de som hade lämnat organisationen bekräftades bilden av att det som återstod av Dawronoye bara var en tv-kanal.

10. Syriac Union Party bildades i Libanon 2005 som ett politiskt nationalistiskt parti och en kulturell och social organisation som ska värna alla suryoyosamfund i Libanon och vara ett språkrör för dessa. Partiet är en integrerad del av ESU (European Syriac Union), det parti som Dawronoye nyföddes som.

Den naturliga följdfrågan efter denna uppradning och beskrivning av dessa partier och organisationer blir följaktligen: Varför har alla dessa partier, utan undantag, misslyckats med att uppnå sina nationalistiska och politiska målsättningar?

15. De assyriska partiernas misslyckande

Den främsta anledningen till att de nationalistiska assyriska/suryoyo partierna har misslyckats är att de inte lyckats med att förstå folkets historia och inte heller kunnat realisera sina slagord i praktiken. Avståndet mellan de verkliga omständigheter som folket lever under och partiernas mål har varit för stort. Partierna behöver bedriva självgranskning och försöka se bortom detta första och misslyckade försök. I demokratiska system måste partier vid ett misslyckande nagelfara sina program för att analysera och fastslå vilka anledningarna bakom misslyckandet är. Inte förrän då kan partiet reformeras och gå vidare. Dessvärre förvandlades de ovan beskrivna partierna, ganska tidigt i sin historia, till "politiska klaner" eller fronter för olika familjer/släkter. De har också saknat metoder för att kunna förmedla politiska budskap. Således, är bildandet av suryoyopartier genom imitation eller baserat på känslor dömt att misslyckas.

Vi skulle kunna sammanfatta den rådande kulturen bland suryoyo avseende begreppsvärldar som nationalism och politiska partier under följande rubriker:

1. Bristande insikt i den unika verklighet som suryoyo lever inom

Suryoyofolkets tillblivelse, oavsett vilka av dagens samfund som åsyftas, är en unik historisk händelse i mänsklighetens historia. Detta bör tas i beaktande av suryoyoeliterna. Den som idag betraktar suryoyos situation ser att den är vid ett ödesdigert vägskäl och den aktuella tidsepoken är extremt känslig. Många suryoyo känner möjligen inte av faran men det räcker att följa nyheterna om suryoyo såväl från hemlandet som i diasporan för att förstå att de har en felaktig konceptuell förståelse av nationalism och att de politiska suryoyopartierna inte är förmögna att erkänna sitt misslyckande och är överhuvudtaget inte intresserade av orsakerna bakom misslyckandet.

2. Felaktiga benämningar

Användandet av en rad felaktiga och historiskt missvisande benämningar för att identifiera folket har inte bara bidragit till att splittra suryoyo i olika läger, utan också till att förvirra omvärlden. Det finns inga fel med att använda en sammanhållande benämning (suryoyo/suryoyo) på alla språk.

3. Erfarenheterna från suryoyos moderna upplysningsera har inte tagits tillvara

Ingen kan bortse från de betydande framgångar som suryoyo rönte i provinsen al-Jazira åren 1927–1964. Alla aktiviteter riktades till och utgick ifrån suryoyo. Det fanns ett samförstånd mellan de civila aktivisterna och kyrkan och allt skedde utifrån benämningen suryoyo och under samma fana. Mot bakgrund av denna era, kan det starkt ifrågasättas om suryoyo verkligen behövde bilda politiska partier. Vidare kan ett lika starkt ifrågasättande göras avseende importen av idéer, nationalistiska koncept och politiskt arbete från närliggande folk.

4. Bristen på realistiska och bildade politiska personligheter

En bildad politiker kan förstå historien och nuet och analysera händelseförloppet och hantera utvecklingen utan att begå stora misstag. Finns det suryoyopolitiker som har dessa egenskaper?

Svaret är ja, de finns på olika håll i världen, men de flesta av dem är aktiva inom andra partier än suryoyos egna.

16. De kristnas framtid i Mellanöstern

Det är sedan länge känt att kristendomen är på kraftig tillbaka-gång i Mellanöstern. Detta har många anledningar men viktigt att nämna är att de kristna i Mellanöstern och främst bland dem suryoyo utgör ursprungsbefolkningen i den bördiga halvmånen. De utgjorde ryggraden i de intellektuella eliterna och var van-ligtvis de religiösa samfund med högst utbildningsnivå. De spe-lade en oproportionerligt stor roll i den vetenskapliga, språkliga, kulturella och ekonomiska utvecklingen i regionen. Men deras antal är idag hastigt minskande.

När vi talar om en framtid för suryoyo i Mellanöstern måste vi gå tillbaka till denna tragedis historiska rötter. Det är en tragedi vars politiska orsaker är uppenbara. De kristna har, under olika epoker och på olika platser, varit måltavlor och lidit av diverse diskriminering. Det har varit dokumenterad åtskillnad i grund-lagar och strukturell politisk uteslutning. Uppenbara aktörer bakom denna diskriminering är de arabiska staterna som miss-lyckades med att bygga stater där alla medborgare är jämlika och där mångfald råder inom ramen för demokratiska institut-ioner. Ännu brutalare har de utrotnings- och fördrivningskam-panjer varit som ofta letts av religiösa extremister, där staten har varit oförmögen att skydda de kristna. Därför går de kristna kyr-korna i Mellanöstern men även i väst en osäker framtid till mö-tes. Vilken lösning är i så fall att föredra?

Förlösning eller att hålla fast vid katolicism, ortodoxi och protestantism?

Räddningen för suryoyokyrkorna börjar med att förändra deras föråldrade inställning till varandra. Envisheten mot att förändra denna inställning hotar kyrkorna med undergång. En förändring är nödvändig och viktiga beslut måste fattas snarast. Dessa beslut tål inte att vänta på teologiska och moraliska bedömningar. Det går inte att vänta på att Vatikanen ska rädda de maronitiska och kaldeiska kyrkorna. Det finns ingen stormakt som idag har ett intresse för att bevara den österländska kristendomen. Hoten mot suryoyokyrkornas fortsatta existens är att de är inbördes oense, att de inte är nationella kyrkor och att deras medlemmar utgörs av ett folk utan stat, utom maroniterna i Libanon.

Psykologisk, social och politisk anpassning är begrepp som rönt stor uppmärksamhet bland psykologer, socionomer och statsvetare.[32] Anpassning är en stark, vital och kontinuerlig reaktion mellan två och flera sidor. Anpassning innebär också att uppfattningar och trossatser förändras så att de passar de rådande omständigheterna. Det viktigaste för de kristna i Mellanöstern generellt och suryoyokyrkorna speciellt, är anpassning i syfte att kunna fortsatt existera. En sådan anpassning måste ske på såväl tankemässigt som politiskt plan. Kyrkornas anpassning måste vara ett uttryck för de principer som majoriteten av medlemmarna beslutar om via omröstningar. Dessa principer som ska värna kyrkornas bästa måste beslutas kollektivt.

I anpassningens frånvaro kvarstår faran med dessa kyrkor, vilka inte är nationella och vilkas medlemmar saknar en egen stat, att dessa medlemmar inte utgör en majoritet i någon stat. Statslösa

---

32 Brendan O'Leary: Debatterande samhällspolitiska frågor, från maktdelning till demokrati, Montreal, McGill-Queen's Press, s. 3–43.

individer kan bara bli medborgare i det land de lever i. Människor utan medborgarskap kallas för fjärde världen. Människor utan stat är antingen spridda över flera länder eller så utgör de en majoritet av ursprungsbefolkningen i en region eller inom en stat, exempelvis maroniterna i Libanon.

17. Grunden för att bygga ett suryoyofolkhem

Med ett folkhem för suryoyo menas endast jakobitiska suryoyo. Detta för att det inte går att bortse från de skillnader som har uppstått under suryoyos utveckling under de senaste 1 500 åren (om inte folket förenas under samma benämning och en vilja i likhet med hur turkarna förenades under Atatürks tid). Detta innebär att det politiska och civila arbetet måste utgå inifrån "det jakobitiska västliga folkhemmet", det vill säga medlemmarna i den jakobitiska suryoyokyrkan. I det hemmet ska en solid grund läggas och bli ett epicenter som kan locka de andra kyrkorna. Givetvis måste samordning ske med andra samfund. För hittills har den politiska nationalistiska kampen, dessvärre, inte åstadkommit annat än att dels splittra den östliga kyrkan i en kaldeisk nationalistisk rörelse respektive en assyrisk, dels splittra den västliga jakobitiska kyrkans församlingar i assyriska, syrianska och arameiska nationalistiska rörelser. Rörelser som i sin tur fragmenterats under ledning av olika klanledare som bara brytt sig om sin prestige och egna intressen.

1. Att skapa samsyn kring suryoyofrågan

Bland de mer udda företeelserna i mänsklighetens historia är det faktum att finns ett enskilt folk som påstår sig vara Guds utvalda folk. Detta påstående åtföljes av ett annat, nämligen att Gud har lovat sitt utvalda folk ett hemland. Dessa två idéer blev en gemensam nämnare för alla judar och har hjälpt dem att överleva, trots de fördrivningar, pogromer och diskriminering de har genomlidit under historiens gång. Det finns knappast någon myt som gjort ett sådant starkt intryck på världen som den om Guds utvalda folk och det förlovade landet. Herzls plan att skapa ett hemland för judarna hade aldrig lyckats utan att de kollektivt hade trott på myten.

Den avgörande frågan för att suryoyo ska fortleva är att det måste finnas en samsyn och en gemensam tro som utgör grunden för all civil, religiös och ekonomisk aktivitet. Eliten bland suryoyo måste handleda denna samsyn och via internet skapa dialogplattformar där en gemensam uppfattning om nutiden och framtiden skapas. Det är nämligen inte rationellt att föreslå en idé som inte kan övertyga kollektivet. Processen som leder till att formulera en samsyn och verka utefter den skapar i allmänhet goda villkor för tänkande och demokratisk utveckling.

2. Bygga en global digital plattform för suryoyo

Idag kan generationer av suryoyo kommunicera med andra suryoyo globalt som om de befann sig i ett litet rum. Internet är ett av de mest använda verktygen för kommunikation i vår era. Denna teknologi har lyckats slå samman världen och göra den mindre och mer tillgänglig dygnet runt. Genom denna teknologi kan information och nyheter ta sig runt jorden med ljusets hastighet. Olika digitala plattformar för kommunikation och nyhetsförmedling har blivit viktigare än tryckpressen. Just därför bör suryoyo skapa en plattform, liknande Facebook, där målet är att sprida information om grunderna för att bygga suryoyohemmet. Denna underbara teknologi kan dock inte åstadkommas utan kapital och administration.

3. Vikten av kvinnors deltagande

Alla samhällen som vill utvecklas måste mobilisera kraften hos båda könen. Suryoyokvinnor led fram till 1950-talet av okunnighet och utebliven utbildning. Men när tillfället väl infann sig bevisade suryoyokvinnor sin förmåga i att vara med och bygga suryoyosamhället. Kvinnor skaffade sig akademiska diplom och arbetade jämte männen inom alla sektorer. Suryoyokvinnor ska vara med i beslutsfattandet och i att utveckla och modernisera suryoyofrågan.

4. Vikten av sämja mellan det civila och det kyrkliga ledarskapet

Civilt styre bygger på sekulärism där stat och kyrka hålls åtskilda. Staten ska inte heller tvinga någon att anta en tro, religion eller tradition godtyckligt. Men suryoyos historia och nutid kräver särskilda metoder för att samverka med kyrkan och prästerskapet. Alla suryoyo bör eftersträva att ta fram ett program som har som mål att höja nivån på prästutbildningarna och att reformera kyrkan in- och utifrån. Det måste finnas ett samförstånd mellan prästerna och suryoyoeliterna. Suryoyo måste återuppbygga sitt civilsamhälle, där det civila ledarskapet kan uttrycka folkets vilja och vidta de åtgärder som syftar till att säkra en tydlig framtid för folket.

5. Etablera ett globalt representativt råd för suryoyo

Suryoyo har hundratals kultur- och idrottsföreningar samt sociala, religiösa och politiska organisationer världen över. Respektive organisation försöker utföra sina aktiviteter utifrån uppsatta mål och ekonomiska ramar. Dessa organisationer arbetar separat och har ingen gemensam nämnare. Trots att det finns globala suryoyounioner, vilka påstår att de representerar alla suryoyo, så är de inte inkluderande eller erkända av alla suryoyo.

Två exempel på dessa unioner är:

- Assyrian Universal Alliance (AUA)

Alliansen grundades i USA 1968 som en paraplyorganisation för assyriska/kaldeiska/syrianska organisationer. Alliansen definierar sig inte som ett politiskt parti utan som ett råd som kan samarbeta med diverse partier. Dess stadgar anger att assyrierna är den enda benämning som förenar hela vår nation och som inkluderar alla kyrkliga traditioner. Alliansens ideologi bygger på: En nation med ett namn, ett språk, ett ledarskap och ett hemland. Detta låter bra i teorin, men i praktiken har alliansen inte lyckats med annat än flotta konferenser.

- World Council of Arameans

Enligt rådets egna uppgifter bildades organisationen 1983 i New Jersey, USA, som en paraplyorganisation för araméerna (även kända som suryoyo) och alla arameiska organisationer. Målet för rådet är att värna rättigheterna, friheten och jämlikheten för det arameiska folket, samt att skydda dess kulturella arv och arbeta för dess självbestämmande. Dessa två ovan nämnda exempel är bevis på bristen på förståelse för den unika suryoyofrågan. Men också bevis för konflikten inom suryoyoeliterna och uttryck för idéer och intressen som är avlägsna från folkets egna.

Ett globalt och representativt suryoyoråd kan endast bli verklighet om följande principer antas:

1. Rådet ska vara transparent, fritt, rättvist, självständigt men föremål för granskning. Rådet ska vara befriat från politiska fraktioner och individuella begär.

2. En övertygelse bland alla suryoyoeliter om att benämningen suryoyo/suryoyo, att användas på alla språk, är en enande historisk benämning för alla suryoyo. Assyrier, kaldéer och araméer ska endast användas i forskningssyfte, inom lingvistik och historia.

3. Regeln om att respektera såväl folkets civila som religiösa institutioner ska gälla.

4. Dela in alla länder i valkretsar.

5. Representanterna/delegaterna från respektive valkrets ska vara ledamöter i det nationella/centrala rådet i respektive land.

6. Representanterna/delegaterna från respektive nationella/centrala råd ska via egna representanter bilda ett globalt råd.

7. Det globala rådet tar fram ett förslag på konstitution och interna stadgar som diskuteras av de lokala råden innan den godkänns.

8. Det globala rådet tar fram ett genomförbart program som ska tillkännage rådets mål och aktiviteter och hur rådet ska företräda suryoyofolket i internationella sammanhang.

9. Börja byta ut namnen på föreningar och organisationer som idag heter assyriska och arameiska till suryoyo.

18. Slutsatser

- Benämningen Assyria och assyrier förekommer i grekiska källor från 500-talet före vår tideräkning. Den grekiske historikern Herodotos skriver att grekerna kallade de som levde i Syrien för assyrier. Benämningen assyrier var brett använd när Alexander den store anlände till den bördiga halvmånen år 332 före vår tideräkning. De flesta akademiker är ense om att benämningen assyrier (såsom den användes av grekerna) inte enbart åsyftade de forna assyrierna i Mesopotamien utan även araméerna och de folkgrupper som talade arameiska.

- Det råder ingen tvekan numera om att benämningen assyrier är grekisk och betyder suryoyo. Detta behöver dock inte med nödvändighet betyda att dagens suryoyo härstammar från de forna assyrierna.

- Suryoyohemmet är en samling idéer, om än inte nya i sig men de kräver ett nytt arbetssätt som passar den verklighet som suryoyo lever i, såväl i sina hemländer som i diasporan. Dessa idéer syftar till att bryta sönder det som fjättrar suryoyos tankesätt. Vidare syftar idéerna till att introducera modernitet i vårt tankesätt så att vi kan sluta leden bland jakobitiska suryoyo för att undvika den utrotning som folket står inför. Således en variant av idén om ett folkhem på ett intellektuellt plan.

- Det främsta syftet är att nå ett samförstånd mellan de olika suryoyofraktionerna, vilkas smärtsamma konflikter har varit både orättvisa och omotiverade.

- Suryoyo har inte ett identitetsproblem i egentlig mening. Inte heller är det ett problem som handlar om benämningar. Vårt problem har under lång tid varit att vi har drömt om hur vi är arvtagare till Ashurbanipal, Kaldu, Aram eller Jesus Kristus. Vi måste acceptera oss själva för de vi verkligen är och sluta jämföra oss själva med den franska eller den turkiska nationen med flera.

- Suryoyos religiösa och kyrkliga identitet kan inte existera utanför deras "nationella" identitet, utan utgör en av grundstenarna. Därför kan inte en suryoyoidentitet finnas separerad från kyrkan, oavsett vad vår personliga attityd till kyrkan är.

- Det civila, men även det politiska, arbetet måste utgå från det jakobitiska västliga suryoyohemmet. Det vill säga medlemmarna i suryoyoortodoxa jakobitiska kyrkan. Det gäller att göra de jakobitiska suryoyo till ett epicenter som lockar till sig de övriga delarna av folket.

- Suryoyoeliterna utgörs av grupper och personer vilka spelar en framträdande roll och har inflytande på den samhälleliga nivån bland suryoyo. Dessa är: politiker, intellektuella och teknokrater, förmögna och affärsmän, och prästerskapet.

- För att förstå suryoyos existentiella frågor på global nivå måste vi förstå människans reella och materiella existens. Att suryoyo har funnits under tusentals år inom den bördiga halvmånen är ett historiskt faktum som etablerats av flertalet historiker och arkeologer.

- Suryoyos historia är full av övergrepp och försök till utrotning och tvångsförflyttning. Dessa påbörjades under de tidigaste kristna århundradena i romarriket och fortsätter än idag. De två avgörande händelser som knäckte suryoyos ryggrad var emellertid Timur Lenks massaker under 1400-talet och folkmordet Seyfo i Osmanska riket (dagens Turkiet) 1915. Dessa två utrotningsförsök begränsade kraftigt suryoyos antal och deras närvaro i ursprungsområdet.

- Några tänkare och ledare utnyttjade nationalismen för att underblåsa etniskt våld. Sådant våld låg bakom blodspillan och död för miljontals oskyldiga människor. Turkarna utnyttjade detta våld, med medgivande från tyskarna under första världskriget, i massmorden på armenier och suryoyo. Massmorden utfördes på ett utstuderat sätt och leddes inom turkiskt territorium av den då styrande regimen under ledning av Enhets- och utvecklingspartiet. Antalet offer bland armenier uppskattas till en miljon och bland suryoyo till tvåhundratusen. Samma principer gällde när Tyskland under ledning av Nationalsocialisterna försökte utrota allt icke-germanskt. Här utgjorde rasismen och i synnerhet antisemitismen ett nav i ideologin. Nazisterna ansåg att germanerna är de ädlaste "arierna" och att diskriminering gentemot judar och romer var föreskriven. Fokus lades på rasbiologiska studier och fysisk "lämplighet". Miljontals judar och människor av olika

99

ursprung mördades brutalt i koncentrationsläger i det som kom att kallas Förintelsen (Holocaust).

- För suryoyo är området Tur Abdin mycket viktigt. De ser det som sitt hemland. Tur Abdin betyder på suryoyo "de bedjandes berg". Tur Abdin är ett bergigt område i sydöstra Turkiet som inkluderar östra delen av provinsen Mardin och provinsen Şırnak väster om floden Tigris på gränsen till dagens Syrien. Området var historiskt sett skådeplats för en omfattande klosterkultur med influenser i hela närområdet. Befolkningen i Tur Abdin kallar sig själva suryoyo. Ibland använder de termen turoye, det vill säga bergsbor. De talar en arameisk dialekt kallad suryoyo turoyo (således bergsuryoyo).

- Alla specialister på suryoyokyrkans historia är ense om att nestorianska suryoyo, men även andra vilka påstår sig ha en historisk, genetisk eller social koppling till Ashur och Babylon, inte har någon koppling alls till de forna assyrierna och babylonierna. Nestorianerna är helt enkelt suryoyo som samfundsmässigt tillhör Österns suryoyokyrka, de talar suryoyo (en arameisk dialekt) och de är en del av den samhällsväv som utgör suryoyo och som växte fram i samband med etableringen av suryoyokyrkan i Antiokia och i övriga bördiga halvmånen.

- Suryoyo har sedan slutet av 1800-talet försökt sprida politisk och nationell medvetenhet genom att efterlikna och blint imitera närliggande folk. På det sättet spreds en felaktig uppfattning om nationalism och politik bland suryoyo runt om i världen. Suryoyojournalistiken spelade en avgörande roll i spridningen av dessa felaktiga uppfattningar. En rad intellektuella suryoyo såsom Ashur Yousif, Naum Faiq och Farid Nazha tog till sig de nestorianska suryoyos förvridna nationalism, som byggde på ett engelskt påfund om att dessa var ättlingar till de gamla assyrierna och att de utgör en assyrisk nation. Sådana tankar går att läsa idag i det journalistiska arbete som bedrevs av Yousif, Faiq och Nazha.

- I demokratier, och i enlighet med statens konstitution, utgår makten från folket. Men makten utövas effektivast genom parlament, politiska partier, intressegrupper men även massmedia. I diktaturer samlas däremot makten inom en snäv krets av människor, inte sällan med stöd av militären och polisväsendet. Det politiska engagemanget bland suryoyo i provinsen al-Jazira i Syrien visade sig först genom att en del anslöt sig till det syriska kommunistpartiet.

- Än idag lider suryoyo av det politiska bedrägeri som engelsmännen utsatte de nestorianska seriösa för, som övertygade de senare om att de tillhör den assyriska civilisationen. Nestorianernas okunskap om sin historia fick deras känslor att svalla och de såg sig själva som ättlingar till guden Ashur och som grundare av assyrisk nationalism och representanter för alla suryoyo. Bildade jakobitiska suryoyo förstod inte hur okunniga nestorianerna var och hur vilse de jakobitiska suryoyo själva var i sekterismens labyrinter.

- Under det som kom att kallas suryoyos gyllene era eller re-
nässans (1927–1962) ansåg suryoyo att de stod på jämlik
nivå med alla andra folk i regionen. De tog således till sig
importerade nationalistiska idéer och imiterade arabiska, ar-
meniska och kurdiska partier. Detta gjordes utan hänsyn till
suryoyos speciella situation och avsaknaden av konceptuell
förståelse för och erfarenhet av politiskt arbete. Det politiska
arbetet bland suryoyo drevs i detta läge mer mot underjordisk
verksamhet.

- Den främsta anledningen till att de nationalistiska assy-
riska/suryoyo partierna har misslyckats är att de inte lyckats
med att förstå folkets historia och inte heller kunnat realisera
sina slagord i praktiken. Avståndet mellan de verkliga om-
ständigheter som folket lever under och partiernas mål har
varit för stort. Partierna behöver bedriva självgranskning och
försöka se bortom detta första och misslyckade försök.

- Det är sedan länge känt att kristendomen är på kraftig tillba-
kagång i Mellanöstern. Detta har många anledningar men
viktigt att nämna är att de kristna i Mellanöstern och främst
bland dem suryoyo utgör ursprungsbefolkningen i den bör-
diga halvmånen. De utgjorde ryggraden i de intellektuella
eliterna och var vanligtvis de religiösa samfund med högst
utbildningsnivå. De spelade en oproportionerligt stor roll i
den vetenskapliga, språkliga, kulturella och ekonomiska ut-
vecklingen i regionen.

19. Källor och litteratur

1. Herodotos – grekisk historiker som levde under 500-talet före vår tide-räkning. Är känd för att ha dokumenterat sina resor till olika regioner i den klassiska världen. Herodotos var den förste greken som i skrift be-nämnde människorna i landet mellan floderna (Mesopotamien) som assyrier och deras landområden som Assyrien.

2. Bördiga halvmånen – En geografisk avgränsande term som först an-vändes av den amerikanske egyptologen James Henry Breasted om-kring år 1900. Med termen åsyftas flodbäckenen för Eufrat och Tigris och Medelhavets östra kust (Levanten). Termen används inom arkeo-login men har även använts politiskt av exempelvis Antoun Sadeh. Hans utgångspunkt var att folken i detta geografiska område delar en gemensam kultur som kvalificerar dem till status som "nation".

3. Theodor Nöldeke, *Sketches from Eastern History*, London & Edin-burgh, Adam and Charles Black, 1892.

4. Det finns olika uppfattningar om detta, se bland annat Asaad Sauma.

5. Pansyrism, panarameism eller pansyrianism.

6. Arnold Joseph Toynbee (1889–1975), brittisk intellektuell och en av 1900-talets mest inflytelserika historiker. Bland hans viktigaste verk återfinns A Study of History (3 volymer). Toynbees specialområde var studien av civilisationer.

7. American Psychiatric Publishing, Inc. (2010) "Diagnostic and Statisti-cal Manual of Mental Disorders", Fourth Edition, Text Revision: 309.81 posttraumatic stress disorder"

8. Abizadeh A: Förutsätter liberal demokrati en kulturnation? American Political Science Review 96, 2002, s. 495–509.

9. Fadwa Nusairat: al-Masihiyun wa fikrat al-Qawmiya al-Arabiya fi Bilad al-Sham wa Misr, 1840–1910. (De kristna och idén om arabisk nationalism i Syrien och Egypten, 1840–1910. En doktorsavhandling vid Markaz Dirasat al-Wihda al-Arabiya, Beirut, 2009, s. 41–43.

10. Azmi Bshara: al-Taifa, al-Taifiya, al-Tawaif al-Mutakhaiyala (Sekten, sekterismen och de inbillade sekterna), al-Markaz al-Arabi lil-Abhath wa Dirasat al-Siyasat, 2018, s. 22–23.

11. Fadwa Nusairat, al-Masihiyun wa fikrat al-Qawmiya al-Arabiya fi Bilad al-Sham wa Misr, 1840–1910. (De kristna och idén om arabisk nationalism i Syrien och Egypten, 1840–1910. En doktorsavhandling vid Markaz Dirasat al-Wihda al-Arabiya, Beirut, 2009, s. 253–258.

12. Antoun Sadeh (1904–1949), grundare av Syriska socialnationalistiska partiet (SSNP). Gav 1937 ut tidningen al-Nahda (Renässansen) vars läsare främst utgjordes av unga intellektuella i Syrien/Libanon. Sadehs idéer hade stor påverkan på det maronitiska patriarkatet och de libanesiska partierna. Under det första arabisk-israeliska kriget 1948 ville han initiera en samlad nationalistisk front för att konfrontera Israel. Den libanesiska staten svarade med att fatta en rad beslut som bland annat förbjöd SSNP från att hålla offentliga tillställningar. Under mars 1949 skedde direkta sammandrabbningar mellan SSNP och statsmakten och i samband med det efterföljande och annullerade parlamentsvalet valde Sadeh att flytta till Damaskus. I den syriska huvudstaden togs han emot av den syriske diktatorn Hisni al-Zaim men en månad senare överlämnade denne Sadeh till de libanesiska myndigheterna. Sadeh dömdes till döden i Libanon och avrättades 8 juli 1949.

13. Edessa är dagens Şanlıurfa i Turkiet. Med övre Mesopotamien menas det geografiska området öster och norr om floden Eufrat, på arabiska kallad al-Jazira, som idag utgör en del av nordöstra Syrien och nordvästra Irak.

14. På tyska: Große Lüge. Hitler trodde att det var denna typ av lögn som judarna spred för att klandra den tyska generalen Erich Ludendorff för Tysklands nederlag under första världskriget. Ludendorff var en framstående politisk ledare och antisemit. Hitlers största lögn var att Tyskland egentligen inte förlorade kriget 1918.

15. Wigram blev känd för sina skriftliga skildringar av Österns assyriska kyrka (som den nestorianska suryoyokyrkan kallades). Han ingick i den delegation som ärkebiskopen av Canterbury sände till Mesopotamien. Bland hans publikationer i ämnet kan nämnas: The Doctrinal

Position of the Assyrian or East Syrian Church (1908), An Introduction to the History of the Assyrian Church of the Sassanid Empire 100–640 A.D. (1920), Our Smallest Ally (1920), The Assyrian Settlement (1922) och The Assyrians and Their Neighbours (1929).

16. Chevalier: Assyrian Christians in the Hakkary and Kurdistan Regions (arabisk översättning: al-Masihiyun fi Hakkari wa Kurdistan al-Shamaliya, översättning Nafi Tosa, al-Atlas Ltd förlag 2010, s. 201–298.

17. Dr. John Joseph, The Modern Assyrians of the Middle East: A History of Their Encounter with Western Christian Missions, Archaeologists and Colonial Powers, 2000, s. 17–20.

18. Detta hände på flera håll i Afrika och Asien till följd av den europeiska kolonialismen och de efterföljande antikoloniala befrielserörelserna (se till exempel i Horowitz 1995:64–74, Young 1994:225–231; Peel 1989:198–213).

19. Naum Faiq, Tidskriften Beth Nahrin, andra året, nummer 4 april 1918.

20. Shams al-Din al-Kilani: al-Hizb al-Shiu'i al-Suri (Syriska kommunistpartiet), Dar al-Ahali, Damaskus, 2003, s. 81.

21. Brev från Yakub Karro till forskaren Muhammad Jamal Barut: al-Takawun al-Hadith lil-Jazira al-Furatiya (Den moderna formeringen av Eufrats Jazira), 21 december 2011.

22. Muhammad Jamal Barut: al-Takawun al-Tarikhi al-Hadith lil-Jazira al-Furatiya (Den moderna formeringen av Eufrats Jazira), Arab Center for Research and Policy Studies, första upplagan, Beirut, 2013, s. 771–773.

23. Abrohom Lahdo, Tarikh Mujaz an Bidayat al-Munathama al-Athuriya al-Demoqratiya (Kort historik om ADO:s begynnelse), Wiesbaden, Tyskland 2011.

24. Intervjun kan hittas på assyriatv.org. Programmets titel: Fi Dhikra Ninos Aho - Raed Ashuri (I minnet hos en assyrisk pionjär).

25. Här menas staten Syrien.

26. Detta berättar Dr. Gabriel Oussi, ledare inom ADO, om hur försök gjordes i mitten av 1970-talet i Midyat för att övertyga språklärarna inom kyrkans undervisningsorganisation om att till eleverna saluföra ADO:s ideologi. Oussi fortsätter och berättar att han bland andra pratade med läraren Elias Shahin, som undervisade vid Mor Akhsnoyokyrkan och med Isa Garis, läraren vid Mor Gabrielklostret i Turabdin. Intervjun med Oussi kan hittas på assyriatv.org (datum för programmet: 2020-09-14. Programledare Aziz Poli).

27. Motsägelserna som omgärdar Abdyos/Noyans död är beskrivna i Stefan Anderssons bok från 1983, assyrierna: en bok om präster och lekmän, om politik och diplomati kring den assyriska invandringen till Sverige, bokförlaget Tiden.

28. Dr. Abrohom Lahdo, Tarikh Mujaz an Bidayat al-Munathama al-Athuriya al-Demoqratiya (Kort historik om ADO:s begynnelse), Wiesbaden, Tyskland 2011, s. 10–11.

29. Aziz Ahe: Mujaz Tarikh al-Munathama al-Athuriya al-Demoqratiya min am 1957–1999.

30. Aramean-dem.org – Observera avvikelser mellan hemsidans arabiska och svenska versioner av målsättningar och principer.

31. Enligt Wikipedia-artikeln om Dawronoye, ska detta ord ha använts i meningen revolutionär när den egentligen betyder modern. Författaren har valt betydelsen progressiv.

32. Brendan O'Leary: Debatterande samhällspolitiska frågor, från maktdelning till demokrati, Montreal, McGill-Queen's Press, s. 3–43.